JN003441

業界破壊企業

第二のGAFAを狙う革新者たち

斉藤徹

光文社新書

はじめに

今、世の中では「イノベーション」という言葉をさかんに耳にします。

「イノベーション」とは、「新しい技術やアイデアで、社会に新しい価値をもたらす変革」のこと。今や、どんな業界でも、どんな組織でも、あらゆる場所で「イノベーション」が求められる時代になりました。

では、あなたは、世界で「どんなイノベーションが起こっているのか」について、どれくらいご存じでしょうか。

じつは今、世界では独自のアイデアやテクノロジーで、**業界の勢力図を一変させているイノベーション企業**が続々と登場しています。

よく知られたところでいえばAirbnb（エアビーアンドビー）。

サンフランシスコで生まれたこのビジネスは、**「安くてユニークな旅行体験をしたい」という人と、「空いた空間で手軽に稼ぎたい」という人**をマッチングするというアイデアひとつで、世界中に広がるビッグビジネスへと成長しました。

発想自体は単純なのですが、これこそイノベーション。

革新的なアイデアやビジネスモデルを知ると、それだけでワクワクしますし、楽しくなります。

そんなユニークなアイデアで急成長を遂げているイノベーション企業の世界ランキングを、アメリカＮＢＣ系のニュース専用放送局ＣＮＢＣが毎年発表しています**（図表1）**。

その名も、「ディスラプター50」。

そもそも「ディスラプト（disrupt）」とは「破壊する」という意味なので、ディスラプ

図表1 「2019 CNBC ディスラプター 50」

No	スタートアップ	創業	本社	予想時価(十億ドル)	破壊する業種
1	Indigo Ag →P125	2014	ボストン	3.5	農業
2	Didi Chuxing	2012	北京	57.6	公共交通、タクシー
3	WeWork →P198	2010	ニューヨーク	47.0	賃貸オフィス
4	Grab	2012	シンガポール	14.0	公共交通、タクシー
5	Rent the Runway →P44	2009	ニューヨーク	1.0	ファッション、小売、EC
6	GoodRx	2011	カリフォルニア	2.8	ヘルスケア、保険
7	Airbnb	2008	カリフォルニア	31.0	ホテル、旅行
8	Casper →P105	2014	ニューヨーク	1.1	寝具
9	Peloton →P89	2012	ニューヨーク	4.2	フィットネス
10	Xiaohongshu →P32	2013	北京	3.0	SNS、EC
11	Convoy →P61	2015	シアトル	1.1	物流
12	InMobi	2007	シンガポール	–	広告
13	Stripe	2010	カリフォルニア	22.5	電子決済、ソフト、クレカ
14	Kabbage →P38	2009	アトランタ	1.2	銀行、金融サービス
15	LanzaTech →P130	2005	シカゴ	0.4	CO_2リサイクル
16	Textio	2014	シアトル	0.1	ソフトウェア
17	Phononic →P139	2009	ノースカロライナ	0.3	冷却装置
18	DoorDash →P64	2013	カリフォルニア	7.1	食料配達
19	Ginkgo Bioworks	2009	ボストン	1.4	香料、調味料、食品原料
20	YITU Technology	2012	上海	–	生体認証
21	Coursera →P79	2012	カリフォルニア	1.7	教育
22	CLEAR	2010	ニューヨーク	–	生体認証
23	TransferWise →P41	2011	ロンドン	1.6	銀行、送金、外貨両替
24	Flexport →P39	2013	カリフォルニア	–	物流、輸送仲介
25	Fanatics	2011	フロリダ	4.5	EC、スポーツアパレル
26	SoFi →P57	2011	カリフォルニア	4.4	銀行、金融サービス
27	Impossible Foods →P144	2011	カリフォルニア	–	食品
28	Duolingo →P42	2011	ピッツバーグ	0.7	教育
29	Virta Health →P117	2014	カリフォルニア	0.3	ヘルスケア
30	Progyny →P85	2008	ニューヨーク	0.1	ヘルスケア、不妊治療
31	Skillz	2012	カリフォルニア	0.1	eスポーツ、ゲーム
32	Cohesity	2013	カリフォルニア	1.1	クラウドコンピューティング
33	Affirm →P39	2012	カリフォルニア	3.0	EC、金融サービス
34	Palantir	2003	カリフォルニア	20.5	データマイニング
35	Opendoor →P71	2013	カリフォルニア	3.8	不動産
36	Airtable	2012	カリフォルニア	1.1	データベース管理
37	Lemonade →P39	2015	ニューヨーク	2.0	保険、金融サービス
38	Niantic →P47	2010	カリフォルニア	4.0	ゲーム
39	Zipline International →P214	2014	カリフォルニア	1.2	ドローン、物流、ロボット
40	Nauto	2015	カリフォルニア	–	自動運転
41	LISNR	2012	シンシナチ	0.1	オーディオ、モバイル機器
42	Synack →P148	2013	カリフォルニア	0.2	セキュリティ
43	Houzz →P53	2008	カリフォルニア	4.0	DIY、内装デザイン
44	Veritas Genetics	2014	マサチューセッツ	–	遺伝子検査
45	Ellevest →P95	2014	ニューヨーク	0.1	金融サービス
46	23andMe	2006	カリフォルニア	2.5	遺伝子検査
47	Robinhood →P111	2013	カリフォルニア	5.6	金融サービス
48	Apeel Sciences →P134	2012	カリフォルニア	0.4	農業、農産物
49	Uptake	2014	シカゴ	2.3	ソフトウェア
50	C3.ai	2009	カリフォルニア	2.1	クラウドコンピューティング

出所：2019 CNBC Disruptor 50 を元に筆者作成

ターを直訳すると「破壊者」となりますが、近年では、**さまざまなイノベーションによって業界の勢力図を一変させてしまう新興企業やプレイヤーのことを「ディスラプター」と呼ぶ**ようになりました。

本書のタイトルには、「業界破壊企業」とありますが、「破壊者」というより「革新者」というイメージに近いかもしれません。

ニュース専用放送局ＣＮＢＣは、そんな業界のディスラプターを毎年50社選出し、発表しているのです。

本書では、最近の「ディスラプター50」のなかから、とりわけユニークで、革新的なビジネスを展開している企業を20社ほど選び出し、**ビジネスの着眼点から創業者の思い、業界独特のバックグラウンドや企業成長のストーリーなどを踏まえながら紹介**していきます。

「世界のいろんなイノベーション企業を、一気に、ざっくりと知りたい」という人にはまさにぴったりです。

ぜひカタログ的に楽しんで、ビジネスの参考にしてください。

基本的な「ビジネスパターン」を知ると世界が見えてくる

さらに、もう少し「イノベーションについて深く学びたい」という人のために、「ディスラプター50」で紹介している企業を取り上げつつ、ビジネスの特徴や基本パターン、イノベーションの作り方などについても詳しく解説を加えました。

単に「いろんな企業について知る」だけでなく、**基本的なビジネスモデルやそのパターンを知っておくと、「なぜ、そのビジネスがうまくいくのか」「どんな考えや理論をもとに、ビジネスを展開しているのか」というカラクリが見えてきます。**

イノベーションと一言でいっても、単に奇抜なアイデアだけでビジネスをしているわけではないのです。

こうした「ビジネスの勘所」を押さえながら読んでいくと、より深くイノベーションというものがわかってきますし、もう一段深い楽しみ方ができるはずです。

それと同時に、本書では所々でさまざまな「ビジネス理論」や「ビジネス用語」をちりばめながら説明していきます。

最近のトレンドでいえば、「サブスクリプション」や「サステナビリティ」。
あるいは、「垂直統合」「水平統合」などのビジネスパターンについて。
さらには、「無消費の考え方」「ジョブ理論」「リーンスタートアップ」などです。

こうした用語や理論を知っている人はもちろん、「まったく聞いたことがない」という人にもわかりやすい解説を加えながら、実際の起業ストーリーに照らし合わせて話を進めていきます。

用語や理論を、わざわざ取り出して解説するのではなく、あくまでもユニークなディスラプターを紹介するなかに盛り込んでいくので、すっきりと理解していただけると思います。

成功と地獄を体験した「ジェットコースター」のような人生

さて、ここで少しだけ私の自己紹介をしておきたいと思います。

私は現在、株式会社ループス・コミュニケーションズという「ソーシャルメディア活用とイノベーション創出」を核としたコンサルティング会社を経営しながら、大前研一さんが学長を務めるビジネス・ブレークスルー大学の専任教授として「イノベーション」をテーマに講義を行っています。

２０２０年の３月までは、学習院大学で４年間、特別客員教授として「起業論」「インキュベーション塾」「企業経営とソーシャルキャピタル」などの講義を通じて、文字通り「起業のリアル」と最近の起業メソッドについて教えてきました。

教壇に立ち、学生たちに伝えてきた「起業のリアル」とは、私の人生そのものです。

大学卒業後、ＩＢＭに入社した私は、29歳で会社を飛び出して、１９９１年に初めての起業をしました。

ほとんど勢いだけでベンチャーの世界に飛び込んだわけですが、１年後には月商１億円に達し、ドットコムバブル時代にはインテルやメリルリンチなど世界的な企業から約30億円を資金調達、未上場ながら時価総額１００億円を超えるまでに急成長しました。

個人で3億円の借金を背負い、目覚めたこと

しかし、人生も、ビジネスも、甘い面だけではありません——。

成功の裏側にあった現実は、蟻地獄のような借金、脅しまがいのクレーム、銀行の貸しはがし、資金ショートの綱渡りなど、先の見えないつらい日々でした。

40歳のときには、自分で創業した会社を追われ、個人で3億円の借金を背負いました。

そして大手銀行には訴えられ、家族や両親と住む自宅も競売にかけられました。

そんな逆境続きのなかでも諦めずに新しい事業を起こし続け、ついには**「人を幸せにするイノベーションを創出する」という起業家の使命**に目覚めたことで、経営に対する確信を得られました。

また、30年近い連続起業の経験を踏まえて、さまざまな教育の場で「起業」や「イノベーション」についてお話しする機会に恵まれるようにもなりました。

昇っては落ち、落ちては昇りを繰り返した、ジェットコースターのような人生です。

そんな成功と失敗を実体験してきたからこそ「起業のリアル」を語ることができ、本書で

取り上げる業界破壊企業についても、そのビジネスの本質をお伝えすることができると自負しています。

そして本書の最後には、シリアルアントレプレナー（連続起業家）としてさまざまな境遇をくぐり抜け、私がようやくたどり着いた、**「ハッピーイノベーション」**という新しい起業スタイルについてもお伝えします。

今という時代に求められるのは、「利益や規模、独占を目指したメガイノベーション」を超えて、「規模の大小にかかわらず、人々の幸せの連鎖を生み出すイノベーション」が大切になるのではないか。そんなお話です。

カタログ的に「ディスラプター」のアイデアやビジネスモデルを楽しむもよし。

「イノベーション」や「起業」に関するさまざまな理論や事業の作り方を学ぶもよし。

スタートアップと投資家の関係を通じて、時代の空気を感じ取るもよし。

私たちは大きな変革期を迎え、ビジネスを取り巻く環境も日々変わり続けています。本書はそんな「今」を感じることができる一冊として仕上げました。
ぜひ、楽しみながら、最新の世界の息吹を感じながらお読みください。

斉藤　徹

業界破壊企業

目次

第1章——イノベーションが私たちの「業界」を破壊する

ソニーのイノベーション、ユニクロのイノベーション

さまざまな「業界破壊企業」から、そのエッセンスを学ぶ前に、まずは「イノベーション」について考察しておきましょう。

そもそも「イノベーション」とは何か。

さまざまな定義がありますが、ここではシンプルに「**新しい技術やアイデアから、新たな価値を創造すること**」としておきましょう。

『イノベーションのジレンマ』（翔泳社）の著者で、イノベーション研究の第一人者であるクレイトン・クリステンセン氏は、イノベーションには二つの種類があるとしました。

① 持続的イノベーション　既存の顧客満足のために、現製品サービスを改善する
② 破壊的イノベーション　新しい技術やアイデアで、現業界の構造を破壊する

多くの場合、破壊的なイノベーションは、既存顧客が興味を持たないニッチな分野から生

まれます。たとえば、私が日本アイ・ビー・エムの社員だった頃、ＩＴ市場の主役は「メインフレーム」と呼ばれた超大型コンピュータでした。そこから数年おきに、新しい技術が登場します。「ミニコン→オフコン（オフィスコンピュータ）→デスクトップＰＣ→ノートＰＣ→スマートフォン」と業界の主役が交代するたびに、ユーザー数は文字通り桁違いに増加していきました。

新興勢力が持ち込む収益性の低い技術は、既存の大手企業にはオモチャのように見えますが、時間とともに立場が逆転し、新興勢力が新たな覇者となります。

このような革新こそ「破壊的イノベーション」であり、この本のテーマとなるものです。

さらに、クリステンセンは「破壊的イノベーション」を二つの種類に分けました。

そのイノベーションが**「新しい市場に、新しい価値を提供しているもの」（新市場型）**なのか、**「既存の市場で、コストダウンを実現しているもの」（ローエンド型）**なのかで区別したのです。この本では、この分類を単純化して、イノベーションを**「価値創造」**と**「価格破壊」**という二つの視点で捉えることにします。

Ⓐ　価値創造タイプ（新市場型・破壊的イノベーション）

Ⓑ 価格破壊タイプ（ローエンド型・破壊的イノベーション）

この視点を持つだけで、世の中のイノベーションはすっきりと整理されます。

たとえば、１９７９年に一号機が発売されたソニーのウォークマン。

カセットテープに録音した音楽を持ち歩けるという商品ですが、家に閉じこもって音楽を聴くことしかできなかった当時の人たちにとって、**「外で、気軽に、歩きながら音楽を聴く」**という体験は、まさに新しい価値による「アハ・モーメント」（熱狂的なファンを生み出す驚きの瞬間）を提供するものでした。

一方、ユニクロは、定番商品を大量生産することで**「びっくりするような安価で服が買える」**という「アハ・モーメント」を提供し、価格破壊タイプのイノベーションを実現した企業です。

私たちのまわりで起こっているイノベーション、業界破壊はこうした「価値創造」か「価格破壊」のどちらかの要素を持っています。これがひとつめのポイントです。

そしてもうひとつは、**何によってイノベーションを起こしているのかという視点**です。

最新のスタートアップの傾向を「ディスラプター50」に取り上げられている企業から調査すると、イノベーションの源泉の違いから次の三つに分類できることがわかります。

①　プラットフォームで需要と供給をつなぐもの（プラットフォーム型）
②　ビジネスモデルで常識を超えた顧客体験を生むもの（ビジネスモデル型）
③　模倣しにくい独自の技術を強みにするもの（テクノロジー型）

まず、「価値創造タイプ」なのか「価格破壊タイプ」なのかを考えて、次に「プラットフォーム型」「ビジネスモデル型」「テクノロジー型」に分けてみます。

左の**図表2**に示したような分類で世の中のイノベーションや業界破壊企業を見ていくと、最新のスタートアップのトレンドを俯瞰《ふかん》的に理解することができるようになります。

では、この分類について、もう少し詳しく見ていきましょう。

図表2　業界破壊企業の分類と典型事例

	価値創造型	価格破壊型
プラットフォーム型	C2C: Opendoor （不動産のオンライン買取販売 →P71） B2B: Convoy （トラック輸送のマッチング →P61）	C2C: SoFi（P2Pレンディング →P57）
ビジネスモデル型	新たな特化価値: Peloton （在宅フィットネス →P89） 顧客体験のシンプル化: Casper （製販一貫のオンライン寝具販売 →P105）	コストのフリー化: Duolingo （アプリによる語学の無償学習 →P42） コストのサブスク化: Rent the Runway （デザイナー品のサブスク →P44）
テクノロジー型	LanzaTech （微生物のガス発酵技術 →P130） Phononic （半導体による冷却機器製造 →P139） Synack （ハッカーによる脆弱性検査→P148）	

「直接つなぐ」が
イノベーションのキーワード

まずはプラットフォーム型。そもそもプラットフォームとは「何かと何かをつなぐ基盤」を表しますが、業界破壊の視点で語るならば、**「需要と供給を直接つなぐビジネスの基盤」**と表現してもいいでしょう。

「需要と供給をつなぐなんて、ビジネスの基本じゃないか」と感じる人も多いでしょうが、**ここでのポイントは「直接」というところ。**

このキーワードに、昨今のイノベーションのカギ、ディスラプターのヒントが隠れています。

たとえば、あなたは「野菜」をどこで買っていますか。農家の方から直接買っている人はほとんどいないと思います。「直接買っていない」のであれば、間に誰かが入っているということ。

つまり、「農家→市場→卸売→スーパーマーケットや青果店」といった経路をたどっているわけです。

この商流に対して「野菜を作り、提供したい人」と「それを買いたい人」を直接結ぶということを実現するだけで、新しい顧客体験を提供することが可能になります。

たとえば、ポケットマルシェ（https://poke-m.com）というサイトでは、農家や漁師の方から直接野菜や果物、鮮魚を買うことができますが、その際、商品を自由に選べることはもちろん、産地や生産者まで消費者自身が選ぶことができます。「自分が選んだ生産者から、直接買える」という新しい消費体験を生んでいるのです。

「Uber」は価格破壊型、「Airbnb」は価値創造型

また「直接つなぐプラットフォーム」は、こうした新しい価値創造だけでなく、問屋や卸

売など「中間業者」を省《はぶ》くことで、大胆な低価格を実現させること（価格破壊）も可能になります。

近年、話題となっている「Uber（ウーバー）」や「Airbnb」もそうした「需要と供給を直接つなぐ」というプラットフォームを作ることで成功した好例です。

「早く、安く、安全に移動したい人」と「車を持っていて、空いた時間に手軽に稼ぎたい人」を直接つなぐプラットフォーム。それが「Uber」です。

「Uber」にも「タクシー待ちの列に並ばなくていい」「スマホで、近くにいる車を呼べる」「ドライバーを評価する」など新しい体験はありますが、**「車に乗って移動する」という体験自体は大きく変わらないので、「価格破壊」に力点をおいたプラットフォームである**といえます。

一方「Airbnb」の方は「自分の家（部屋）を宿泊施設として提供する」という「Uber」と似たようなプラットフォームを作っているケースで、価格破壊の要素はありますが、利用者、旅行者に対して「きわめて多様でユニークな宿泊先」のバリエーションを提供することで、新しい宿泊体験を提供した点が大きいと考えます。

本来、ホテルや宿泊施設というのは、交通の便がよいところにあるものです。

しかし、個人宅を借りるとなれば、さまざまな場所を宿泊先として選択することができます。山奥だろうが、民家が密集しているエリアだろうが、その家を貸す人がいる限り宿泊することが可能です。

部屋の大きさも自由自在で、一軒家をそのまま借りる場合もあれば、ひとつの部屋をシェアするようなパターンも選べます。設備に関しても、ベッドルーム、シャワールーム、キッチン、リビング、クローゼットなど、**一般的なホテルとはまるで違う設備やデザインを堪能することができます。「新しい宿泊体験」を提供しているプラットフォーム。**それが「Airbnb」です。

この二つのサービス以外にも、プラットフォーム型で成功しているディスラプターはたくさんあります。それらの事業について**「価値を創造する」のか、「価格を破壊する」のかを、ユーザーの視点に立って深く考えること**は、イノベーションを起こすにあたって大切なポイントとなります。

第2章では、このようなプラットフォーム型で、特にユニークなディスラプターを紹介していきます。

プラットフォーム型ビジネスの「難しさ」とは?

万能にも見えるプラットフォーム型ビジネスですが、じつはかなりやっかいな、事業としての難しさがあります。

それは「需要サイドと供給サイドのバランスを合わせなければいけない」というところ。ゼロベースでこのビジネスを立ち上げようとする場合、需要・供給の両サイドのボリュームが必要ですが、需要サイドは供給がないと集まらないし、供給サイドは需要がないと集まらず、バランスをとりながら成長させるのがとても難しいのです。

これはプラットフォーム型ビジネスの「鶏と卵問題」と呼ばれる難題です。

せっかく「Uberを使いたい人」がたくさんいても、肝心の車が足りなければ、たちまち悪評がネットに広がってしまいます。また、「Uberを使いたい人」がいなければ、車を提供する人には参加のメリットがなく、代替サービスに流れてゆきます。

スマホの爆発的な普及とともに、ユーザーはアプリに対してとてもシビアになりました。ユーザーに新しいアプリをダウンロードしてもらうコストは、増加の一途をたどっているのです。仮にアプリをダウンロードしてもらうことに成功しても、驚きをともなう「アハ・モーメント」がなければ、すぐに削除されてしまう。一回使って、その体験の印象が悪ければ、もう二度と使われることはない。半年後に友人から「あのアプリけっこういいよ」と言われても、「いや、あれはイマイチだったよ」「自分に合わなかった」と言って使われない。

あなたのスマホのホーム画面に常駐しているアプリは、このように数々のハードルを乗り越えてきた「優等生」だといってもよいでしょう。

インスタグラム×アマゾンという発想

こうした事情を踏まえると、「需要サイド」か「供給サイド」のどちらか一方のユーザーをあらかじめ持っていて、それに他方を組み合わせるというビジネス発想が現実的になってきます。

たとえば、中国の「小紅書（RED）」という通販サイトをご存じでしょうか。

簡単にいえば「インスタグラム」と「アマゾン」を組み合わせたようなサイトで、若い世代の女性を中心にたいへんな人気を博しており、「ディスラプター50」にも選ばれました。

２０１９年時点でのユーザー数は２・５億人を超え、月間のアクティブユーザーは８５００万人を超えています。

インスタのように利用者がＳＮＳ上で交流するなかで、誰かが紹介、オススメしたファッショングッズや化粧品などをその場で買える――。アイデアとしては単純ですが、そもそも「販売サイトに顧客を集める」という発想ではなく、中国人向けの海外買い物情報を発信するＳＮＳがベースにあり、そこに「通販機能（ＥＣ）を乗せる」という着眼点で作られたプラットフォームです。

「買いたい」「ほしい」などの欲求が自然に刺激されるＳＮＳを「需要サイド」として確立した上で、アマゾンや楽天といった「供給サイド」を付加したモデルで、「一方を持っている状態」に「他方を乗せた」というパターンです。

事業の規模やジャンルにもよりますが、「一方を持っていて、そこに他方を乗せる」やり方は、プラットフォーム型でも比較的立ち上げやすく、成功しやすいアプローチといえます。

もちろん課題もあります。

たとえば、「ＳＮＳっぽい雰囲気」のところに「宣伝っぽさ」や「広告っぽさ」が濃くなると、そのイメージを嫌ってユーザーが離れていくというリスクがある点です。

これは「社会規範の押し出し効果」といわれるものです。「社会規範（良心や道徳）」にしたがって活動しているコミュニティに「市場規範（損得勘定）」を持ち込むと、社会規範が押し出されてしまい、人々は金銭的な価値基準で行動するようになってしまうのです。

「小紅書」のケースでは、もともと買い物体験や商品のレビューに特化してスタートしたＳＮＳだったので、ユーザーがＥＣ機能の付加を違和感なく受け入れたのです。企業に対するユーザーの感性は日に日に磨かれており、ユーザー心理やブランディングには十分に配慮して事業化をすすめる必要があります。

そのような前提はありますが、もともと自社で「一方のサイド」を持っている事業者が「もう一方を付加することでプラットフォームを作る」というのはおもしろい着眼点で、検討に値《あたい》するビジネス戦略といえるでしょう。

プラットフォームは、ユーザー数自体がサービスの価値を決める「ネットワーク効果が高い」サービスです。そこに「鶏と卵問題」がからむことで、ひとたびシェアを獲得すると一人勝ちとなるのが一般的です。

図表３　「新しい顧客体験」の源泉となるビジネスモデル

1. 顧客の特化 ～ 限定顧客に特化し、新たな顧客価値をリデザイン
　① スペシャライズ（Ellevest）… 顧客層を限定し、商品サービスの質を向上させる
　② ロングテール（Amazon）… ニッチな顧客に、品揃え豊かな商品を提供する
　③ オンライン（ミネルバ大学）… 若者を主対象に、ネットでサービスを提供する
　④ コミュニティ（WeWork）… コミュニティを形成し、新たな付加価値とする

2. 顧客体験のシンプル化 ～ 複雑化する顧客体験を、シンプルにリデザイン
　① ノンフリル（IKEA）… 余剰なプロセスやサービスを省き、シンプル化する
　② アンバンドル（PayPal）… バリューチェーンから単機能を切り出す

3. コストのフリー化 ～ 無料化を基本として、顧客コストをリデザイン
　① フリーミアム（Dropbox）… 無料とプレミアムサービスを組み合わせる
　② 広告（YouTube）… 広告スポンサーをつけて価格を下げる
　③ データ販売（Robinhood）… サービス内で収集したデータを販売する
　④ 相互扶助（未来食堂）… サービスの対価として人手や物品の提供を受ける

4. コストのサブスク化 ～ 買取から定額利用に、顧客コストをリデザイン
　① サブスクリプション（Spotify）… 月額方式で、製品の使用権利を提供する

立ち上げるのが難しい分、成功すると、まさに業界を破壊するほどのインパクトを持つ強烈なイノベーションだといえるでしょう。

ビジネスモデルを「四つの視点」で眺めてみる

続いて「ビジネスモデル型」を見ていきましょう。

ビジネスモデルという言葉は幅広い意味を持ちますが、ここでは、**ビジネスモデルを変えることで「新しい顧客体験を生んでいるパターン」**とざっくり理解してください。

ただし、一言で「ビジネスモデルを変える」といっても、どの部分を、どのように変

えているのかを捉えるのは難しいもの。そこで近年のディスラプターの傾向を調査したところ、次の四つのパターンに集約されることがわかりました**（前ページ図表3）**。

① 顧客の特化
② 顧客体験のシンプル化
③ コストのフリー化
④ コストのサブスク化

まずは「顧客の特化」について。

これは言葉の通り「顧客を限定する」ということ。**顧客ニーズ、顧客ジョブ、地域、年齢、性別、収入レベル、生活スタイルなど、さまざまな要素によって顧客を選定し、その顧客に特化したサービスを展開する。**そんなビジネスモデルです。

「カーブス」という女性専用のフィットネスジムをご存じでしょうか。会員は女性限定で、スタッフも女性しかいません。

利用者の年齢を限定しているわけではありませんが、その内訳を見ると、もっとも多いのが60代で40パーセント。70歳以上は23パーセントで、50代は24パーセント。つまり、全利用者の約85パーセントが「50代以上の女性」です。

カーブスは、こうした年齢構成をホームページで大々的に打ち出しており、「年配の女性に向けたフィットネスジム」という顧客の特化を図《はか》っています。まさに、顧客を限定し、その層への訴求を高め、成功しているパターンです。

たとえば、カーブスでは「１回のフィットネスは30分」と決まっており、予約なしでふらりと訪れ、気軽に体を動かせるというのもウリとなっています。これは次の項目で取り上げる「シンプル化」にも通じる部分です。

このように顧客を特化することにより、「その顧客にぴったりと寄り添った商品やサービスを設計し、提供する」という考え方は、ビジネスモデルを構築する上でとても重要な視点のひとつです。

「面倒だな」と思うことがビジネスチャンスになる

続いて「顧客体験のシンプル化」について考えてみましょう。

「複雑なものをシンプルにして提供する」「顧客体験のシンプルさを追求する」ために構築するビジネスモデルです。

たとえば、資金を調達したい小さな企業の経営者にとって、その手続きはとてもやっかいなものです。

融資を求めると、必ず企業の信用をチェックする信用調査が行われます。売上高や利益から所有する不動産まで、多くの書類の提出を求められ、経営者にとってかなりの負担となります。特にベンチャー企業は銀行などが求める実績をまだ出せていないことが多く、融資実行までのハードルは高いのが現状です。金融機関は実績主義のため、インターネット上で高速で取引が行われている現在のビジネススピードにまったくマッチしていないのです。

こうした手間をなくし、顧客体験をシンプルにする。これが「シンプル化」です。

「ディスラプター50」でも取り上げられている「Kabbage（カバッジ）」という企業は、ネット上にある顧客企業のデータ——たとえば、アマゾンなどにおける販売データ、PayPalなどの決済データ、クラウド会計サービスの財務データ、それにフェイスブックやツイッターなどＳＮＳのデータをＡＩが自動分析し、その企業の信用を判断するというサービスを提供しています。

これにより、経営者は面倒な書面の手続きをショートカットできる上に、一般の金融機関では1カ月近くかかる与信チェックが、なんと平均7分に短縮されるようになりました。

「シンプル化」は、古くからある業界、変化に乏しかった業態を次々に破壊しています。

たとえば、「Affirm（アファーム）」という会社は個人の買い物における与信調査を、「Lemonade（レモネード）」という会社は火災保険における面倒な手続きを、「Flexport（フレックスポート）」という会社は国際輸送における複雑な手続きをシンプルにするサービスをそれぞれ提供して、業界破壊企業として「ディスラプター50」に選ばれています。

私たちが日々の生活や仕事のなかで感じる「面倒さ」「複雑さ」をシンプルにするというのは、それだけで大きなビジネスチャンスとなり得るのです。

「無料サービス」はマネタイズポイントに注目しよう

続いて「コストのフリー化」です。「フリーミアム」や「常識を超えた激安価格」もこの分野に含めて考えます。

そもそも「フリー」とは無料のこと。商品やサービスを無料で受け取ることができるモデルです。

一方「フリーミアム」とは、基本的な商品やサービスは無料で提供するけれども、さらに高度な商品やサービスは有料になるというモデル。最初は「フリー」で、それに「プレミアム」がついて有料サービスになっていく。こうした「フリー＋プレミアム」が「フリーミアム」です。

さて、こうした「フリー化」「フリーミアム化」「激安化」を見ていく場合、大事なのは**「どこで利益を得ているのか」**という視点です。ユーザーとしては「無料でうれしい」「ありがたい」ものですが、**民間企業である限り、必ずどこかでマネタイズしている**のです。

日本の地上波のテレビ番組はＮＨＫを除き無料です。これも「フリー化」のビジネスモデルですが、テレビ局がボランティアでコンテンツを作り、放送しているわけではありません。企業などのスポンサーがお金を出し、そのスポンサーの広告料がテレビ局に入っているわけです。

ネット上でも同じしくみはよくあるパターンで、ユーチューブで画像を見たり、音楽を聴いたりしても基本は無料ですが、それは広告主がお金を払っているからです。

こうした広告収入によって「フリー化」を実現するのもひとつのビジネスモデルです。

しかし「ディスラプター50」にはもっと斬新で、ユニークな「フリー化」を実現している業界破壊企業がいくつも登場します。

たとえば「TransferWise（トランスファーワイズ）」という企業は、海外送金の手数料を激安にするというサービスを提供しています。

仮に、自分の娘がアメリカに留学していて、その子に送金する場合、けっこうな送金手数料が発生します。たとえば、10万円を送金する場合、娘さんが受け取れる金額は、大手銀行やPayPalで約９万３０００円、ネット銀行で約９万７０００円、それがTransferWiseでは約９万９０００円ほど（２０２０年３月時点）。手数料の比較で６倍もの差があり、娘さんの手元に少しでも多く送りたいユーザーには大いに喜ばれるわけです。

ここで考えなければならないのは、「なぜ、そんなことができるのか」「どこでマネタイズしているのか」です。ここにビジネスの工夫やアイデアがあります。

「TransferWise」の場合はどうなのか。

種明かしすると、同社は「実際には海外にお金を送っていない」のです。

アイデアは単純で、「日本からアメリカへお金を送りたい人」がいれば「アメリカから日本に送りたい人」もいる。**双方をうまく調整すれば、実際に国境を越えて送金しなくても、**

データ上のやりとりだけで「送りたい相手」にお金を渡すことができる。これをしくみ化したわけです。

つまり、ユーザーは意識していないのですが、じつはこのサービスは**「日本からアメリカに送金したい人」と「アメリカから日本に送金したい人」をマッチングするプラットフォーム**の側面を持っています。したがって、ユーザーが増えるほど価値が高まる「ネットワーク効果」によって一人勝ち状態になっていくという、じつにうまく設計されたサービスなのです。

また、「Duolingo（デュオリンゴ）」という企業は、語学学習アプリを無料で提供するというビジネスを展開しています。これもなかなかユニークなビジネスモデルで、まずは企業などから「他言語に翻訳してほしいデータ」を受け取ります。これを有料で翻訳するのですが、ポイントは「自分たちで翻訳はしない」というところ。

企業から受け取った「翻訳してほしいデータ」をテストユーザー（すなわちアプリの利用者たち）に「教材」として提供し、翻訳してもらいます。もちろん、一人や二人では翻訳レベル、翻訳の精度を担保できませんが、それが何百、何千、何万人となってくると翻訳の精度は非常に高くなるのです。

このサービスも、ユーザーは意識していませんが「翻訳してほしい人」（有料）と「語学学習をしたい人（翻訳したい人）」（無料）をマッチングさせたプラットフォームともいえます。

現在は、この翻訳サービスに加えて、広告モデルやフリーミアムモデル（プレミアムユーザーは有料）とし、複数の収入源を持つサービスに進化することで、さらに収益性を向上させています。

世の中にはフリー、フリーミアムのサービスはたくさんありますが、そうしたビジネスモデルに出会ったとき**「どこで収益を上げているのか」**を考えたり、調べたりするのは非常に大切です。そこに大きなイノベーションのヒントが隠れているのです。

サブスクは「アイデア×交渉力」の時代へ

ビジネスモデル・カテゴリーの最後は「コストのサブスク化」です。

最近、日本でもサブスクリプションモデルは爆発的に増えています。**定額料金を払えば、一定期間「そのサービスを使い放題」「継続的に割引が受けられる」**といったビジネスモデルです。

アマゾンのプライム会員になることで、配送料が無料になったり、「日時指定」「お急ぎ便」などの配達オプションが無料で利用できるようになる。さらには動画や音楽も楽しむことができる。そんなサブスクモデルを利用している人も多いのではないでしょうか。

音楽配信サービスの「Spotify（スポティファイ）」では月額９８０円で約４０００万曲が聴き放題というプランを提供しています。同様に、映画やアニメ、ドラマやバラエティ番組などの映像コンテンツの見放題サービス、飲食店の割引サービスなど、定額料金を払うことでさまざまなサービスを受けられるサブスクモデルは続々と生まれています。

近年は、車の利用に関しても「所有よりシェア」という概念が広がっていて、中古車販売大手のガリバーが運営する「NOREL（ノレル）」、トヨタ自動車の「KINTO（キント）」などサブスクモデルが複数立ち上がっています。一定の料金を払うことで、車を所有はしないけれど、使いたいときには使い放題という形が徐々に広まりつつあります。

「ディスラプター50」のなかにも「Rent the Runway（レント・ザ・ランウェイ）」というアパレルのサブスクモデルが登場しています。

アパレル分野のサブスクモデルといえば、日本でも「エアークローゼット」「メチャカリ」などがありますが、「Rent the Runway」は、普段使いの服というより、ドレスアップして参加するパーティに着ていくような服をメインで扱っているところがポイントです。日本でいうなら、結婚式やその二次会などに着ていくような服。服だけでなく、アクセサリーやバッグなどの小物もそろえています。

実際に購入したら数千ドルもする服でも、１４０ドル程度の月額費用を払えば、その日の気分に合わせてとっかえひっかえパーティなどに着ていけるというビジネスモデルです。

日本円にして約１万５０００円を毎月払うのはやや高額に感じるかもしれませんが、そこはパーティというカルチャー自体が浸透しているアメリカ社会でのこと。同社は急成長しており、「２０１９年度ディスラプター50」のなかでは5位にランキングされています。

「Rent the Runway」のようなモデルの場合、いかにして「人気ブランドの服」「人気デザイナーの商品」を集められるかというところがポイントになってきます。ブランド側にしてみれば、当然レンタルではなく、購入してほしいわけですから、こうした企業に商品を提供してもらうのはなかなかハードルが高いはずです。

その点について「Rent the Runway」の担当者は**「ブランドの服に数千ドルを費やすことをためらう若い層に、どういうブランドなのかを教える機会を提供している」**と語り、メーカーに対しても絶妙な立ち位置をとっています。

高級ブランド品までもが「レンタル」や「サブスク」の対象となる時代。「所有からシェアへ」という流れのひとつとも捉えられますし、「高額なものを買う前に試す」という意味合いでの利用パターンともいえるかもしれません。

ただし、すでにサブスクというモデル自体はめずらしいものではなくなっており、今後は「何をどのようにサブスク化するのか」が工夫のしどころになっていくでしょう。より柔軟なアイデアが必要なのはもちろんですが、その業界のプレイヤーたちを説得し、サブスクモデルに参加してもらうための交渉力もひとつのポイントになると考えられます。

ひとつのテクノロジーが「世界のあり方」を変える

これまで、イノベーションの分類として「プラットフォーム型」「ビジネスモデル型」を見てきました。最後に「テクノロジー型」について説明しましょう。

テクノロジー型はイノベーションの本丸ともいえるもので、**他社が真似できないような技術による事業革新です。それだけで業界を破壊するインパクトを持ち、ビジネスの優位性を**

発揮していく、わかりやすいイノベーションです。

ひとつ例を挙げましょう。「ポケモンＧＯ」で話題になったＡＲ（オーグメンテッド・リアリティ）も新しいテクノロジーです。日本語では、「拡張現実」。実際の世界に架空のモノを映し出す技術で、ゲームだけでなく、ビジネスにも応用され始めています。

たとえば、ＩＫＥＡは、ＡＲを使って「実際の部屋に、購入したい家具を配置してみる」というサービスを始めました。家具を買う際には、家や部屋のサイズを測って、それに合うものを買うというのが当たり前のプロセスでしたが、このシステムを使えば、実際の部屋に「買いたい家具」をバーチャルで映し出せるので、サイズはもちろん、デザインやカラーなどが部屋にマッチするのかをリアルに確認することができます。

このＡＲ技術を強みとして「ディスラプター50」にも選ばれているスタートアップにNiantic（ナイアンティック）があります。創業者は２００１年にKeyholeという地理ソフトを開発したジョン・ハンケ氏で、のちにグーグルに買収され、グーグル・アースとして開花しました。買収後はグーグルの社内スタートアップとなり「地図とゲームを組み合わせることで、世界をより興味深くて魅力的なものにする」というミッションのもとにＡＲプラットフォームを開発。任天堂やフジテレビの出資も受け、２０１５年にグーグルから独立しました。

「ポケモンＧＯ」は、このプラットフォーム上で稼働するもっとも有名なアプリです。

イノベーションの父と呼ばれた経済学者、シュンペーター氏は**「イノベーションは新しい組み合わせである」**との名言を残しましたが、彼らのテクノロジーは、まさに「ＡＲ」という技術と「３Ｄ世界地図」という膨大なデータの組み合わせです、この緊密な結合により、比類なきイノベーションとなったのです。

「ディスラプター50」のランキングにも、こうした画期的なテクノロジーの進化によって業界を破壊していく企業が多く登場します。

第４章ではそういった企業をご紹介します。

直近の技術トレンドでいうと、ＡＩ（特に機械学習、ディープラーニング）がもっとも多く、ついでバイオテクノロジー。さらに、ロボット、ＩｏＴ（Internet of Things：あらゆるモノがインターネットとつながる仕組み）、セキュリティ。やはりＩＣＴ系（Information and Communication Technology：情報伝達技術）が圧倒的ではありますが、２０１９年は50社中7社と、バイオテクノロジーのスタートアップが急増しました。その技術は多種多様ですが、**農業の効率を高めたり、微生物の力を使ってゴミから資源を生み出したりと、**

「農業」や「環境保護」に関わるものが増えてきています。

持続可能な、サステナブルな世界に向けて、環境への配慮がビジネスにとって必須条件となったこともその背景にあるでしょう。プラスチックの環境破壊、野生動物に対する悪影響などが社会問題となり、スターバックスやすかいらーくグループは、２０２０年までにプラスチックストローの使用をやめると発表しており、マクドナルドも２０２５年までに廃止する動きを表明しています。

こうした社会問題や環境問題はまさに地球規模で、全世界が抱える課題なので、このジャンルで革新的なテクノロジーが生まれれば、業界を破壊するだけでなく、人々のライフスタイル、世界のあり方まで一新してしまう可能性があるといえるでしょう。

「ディスラプター50」においても、多くの「テクノロジー型」イノベーションが、環境問題への貢献を強く志向しています。

今、最新のテクノロジーが、どうビジネスに組み込まれ、世界をよりよくしていくのか。

そんなことも意識しながら、第４章を読み解いていただけるとうれしいです。

第2章 —— プラットフォームによる業界破壊企業

Houzz《ハウズ》

本社　パロアルト（カリフォルニア）

創業年　２００８年

サービス　住宅のリフォーム・プラットフォーム

事業の着眼点　「家を建てたい人」「リフォームしたい人」と「住まいの専門家」をつなぐ

この会社の事業は、家のリフォームをしたい人が「住まいの専門家」、たとえば内装業者や職人、デザイナーなどと直接つながることができるというものです。

Houzzのサイトには６００万点以上の「リフォーム写真」がズラリと投稿されています。リフォームを考えている人は自分のイメージに合う「リフォーム写真」を見つけ、その業者やデザイナーに直接仕事を依頼することができます。

従来の家づくりやリフォームといえば、基本的に仲介となるハウスメーカーや施工の専門会社がいて、その向こうに内装の専門家、職人、デザイナー、建築家などがいることが一般的です。

そのため、戸建てやマンションのモデルルームのように「完成されたイメージ」「パッケージされた空間」を提案され、そこから選ぶというスタイルでした。

しかし、「こだわりの玄関」「自分らしいキッチン」「趣味趣向に溢れた書斎」など、自分のイメージにこだわりたいけれど、どうしたらそんな「理想の空間」を実現できるのかわからないという人は案外多いもの。誰かのインスタグラムを見て「こんな部屋に住みたい」と思ったところで、その人にアクセスして、施工業者を問い合わせるというのはやはり現実的ではありません。

そんな思いを実現したのがHouzzです。

創業者のアディ・タタルコ氏自身も２００６年、カリフォルニア州パロアルトに中古住宅を購入しました。そのリフォームの際、住宅の設計やデザインに関する情報を手に入れるのに苦労した経験から、このビジネスモデルを思いついたと語っています。当時、それらの情報は「ほとんど友人からのクチコミ」に頼るしかなかったそうです。

成功のポイントは「小さく始める」こと

本書で紹介する多くのディスラプターに共通するのですが、Houzzも「小さく始めた」

というのがとても重要なポイントです。実際、スタートしたときは、タタルコさん夫婦と、子どもの学校の親たちが数十組関わっている程度。リフォーム側の専門家も数名しかいなかったそうです。規模も、地域も限定された、ほとんど「個人サイト」のようなところから始まっています。

この小さく始めるアプローチこそ、近年のスタートアップにおける大原則なのです。

ビジネスを始めるというと、壮大な計画を立て、完璧な準備を整えてから始めるというイメージを持っている人がまだまだ多いかもしれませんが、むしろ大事なのは、小さく、早く、安く始めて、学び続けること。

その後、事業が拡大していくフェーズになったら、エンジェル投資家やベンチャーキャピタルなどからお金を集め、拡大を加速させていけばいいのです。

そういう意味で、自分が住む限られた地域で、こぢんまり始めたというのはHouzzの成功要因のひとつでしょう。

また、Houzzは最初からマネタイズを目指したわけではなく、まずはコミュニティを拡充させ、十分に情報が流通するようになってから、コマースの要素を付加していくというステップを踏んでいます。

すでに述べた通り、プラットフォーム型を実践する場合、「リフォームしたい人」（需要サイド）と「施工の専門家」（供給サイド）のバランスをとることが非常に難しいところ。その点Houzzは、先に「リフォームの写真を投稿する」というコミュニティを作り、そこから「コマース」を乗せていくというプロセスを踏んでいます。これも成功した要因のひとつでしょう。

ちなみに、Houzzはアジア最初のオフィスとして日本進出を果たしており、同じように「コミュニティ作り」から着手し、徐々にビジネスとしての展開を狙っています。

このリフォームにおけるプラットフォームが日本でも浸透するのか。今後も注目していきたいところです。

SoFi
ソーファイ

本社	サンフランシスコ
創業年	２０１１年
サービス	Ｐ２Ｐレンディングによる学生ローン
事業の着眼点	先輩が後輩にお金を貸すしくみを作る

SoFiを理解する前提として、まず「Ｐ２Ｐレンディング」を知っておきましょう。単純にいってしまえば、**「個人が個人にお金を貸す」というのが「Ｐ２Ｐレンディング」**。

本来、Ａさんのお金を預かって、Ｂさんに貸すというのが銀行の役割です。その金利の利ざやを銀行が持っていくわけですが、銀行の取り分が多いので、借りる方は高い利子を払い、預ける方はそれほど多くの利息を受け取れないという現実があります。

そうした仲介部分を大幅にカットして「直接」（あるいは直接に近い）プラットフォームを作り、双方にメリットのある「個人間のお金の貸し借り」を実現しているのが「Ｐ２Ｐレンディング」です。日本ではさまざまな規制があって広がりにくい領域ですが、アメリカではすでに普及しているサービスの形態です。

この「P2Pレンディング」のなかでも、SoFiが非常にユニークなのは、**大学生の「教育ローン」に目を付けたこと。そして「先輩が後輩に貸す」という独自のストーリーを付加したこと**です。

SoFiが「借り手」として目を付けたのは**「HENRYs」(High Earners, Not Rich Yet)**。**今はまだお金を持っていないけれど、将来的に稼ぐだろうと思われる高学歴な学生たち**です。

これはなかなかユニークでありながら現実的な着眼点で、たとえば、国や自治体が「教育ローン」のしくみを作ろうとしても、やはり公平性の観点から「名門大学に限る」というわけにはいきません。

しかし、現実の社会では、名門大学の学生は高収入の職業につく可能性が高く、きちんと返済される可能性も高まると考えられます。

金融の原則から見れば「リスクの低い相手」「きちんとした返済が期待される相手」に対しては金利が低く設定されるはずなのですが、それがしくみ化されていなかったために「名門大学の学生も、一般の高い金利を払わなければならない」という現実に直面していました。

SoFiは、そこに目を付けたのです。

SoFiを立ち上げたのはスタンフォード経営大学院の学生たちですが、そのうちの一人マイク・ギャニー氏は「自分たちがスタンフォードにいた頃、スタンフォード大学院を出た人が35年ローンを組んでも、誰一人債務不履行に陥っていないと知って驚いた。それにもかかわらず、6・8〜7・9パーセントという高いレートで教育ローンを支払っている。それはリスクの低さに見合ったものとは思えなかった」と語っています。

この不合理を「名門大学限定」という学生ローンを立ち上げることで解消したのが、SoFiのビジネスモデルです。

「母校の後輩を支援する」というストーリーで共感を集める

さらに「同門の先輩たちが、後輩たちにお金を貸す」というマッチングにしたことも、SoFiの着眼点のもうひとつの素晴らしさです。

単なる融資に、心を動かすストーリーを乗せたのです。

日本よりも愛校精神が高く、寄付の文化が定着しているアメリカでは、自分が卒業した大学に「恩返しをする」「寄付をする」というのは自然な行為です。ましてそれが名門大学ですから、ＯＢたちの稼ぎもよく、積極的にお金を出そうというマインドの人も多いわけです。SoFi が提供する「母校の後輩たちの教育にお金を出す」というのは、まさにそのマインドにフィットしたビジネスモデルなのです。

この見事なストーリーが功を奏して、SoFi は比較的低金利でも融資を集めることに成功し、ビジネスとして発展していきました。

創業時から、彼らはスタンフォード大学のＯＢ40人から２００万ドルを集め、１００人の大学院生たちに貸与しています。このモデルをそのままハーバード大学、マサチューセッツ工科大学、ノースウェスタン大学、ペンシルバニア大学などへも展開し、その後、数十校へと広がっていきます。

「債務不履行になるリスクが低い学生たち」に目を付けたという点も素晴らしいのですが、「お金の貸し借り」という味《あじ》気《け》ない取引に「人と人とのつながり」「母校への思い」というストーリーを乗せたことが、SoFi が成功した大きな要因だといえるでしょう。

今や「Ｐ２Ｐレンディング」というサービス形態そのものは特筆すべきものではありませんが、**「誰と誰をマッチングするのか」「そこにどんなストーリーを乗せるのか」を工夫することで、ビジネスは大きく成長していく**のです。

Convoy
コンボイ

本社	シアトル
創業年	2015年
サービス	トラック輸送のマッチング
事業の着眼点	物流ニーズをマッチングするしくみを作る。トラック版Uber

Convoyのビジネスモデルを一言で表現するなら「トラック版Uber」です。

日本でも、アメリカでも、それこそ世界中でトラックは走り回っていますが、その積み荷がいつもぎっしり詰まっているかといえば、決してそんなことはありません。

考えてみれば当然の話で、たとえば千葉で収穫された野菜を東京大田区の市場まで運んで、再び千葉に荷物を取りに行くとします。その際、大田区から千葉へ運ぶ荷物が（同じ量だけ）あればいいのですが、そんなことはむしろ希《まれ》。実際には、ほとんど空の状態でトラックを走らせなければなりません。

トラック輸送には、構造的にこうしたムダが溢れているのです。

このムダをなくすべく、マッチングサービスを始めたのがConvoyです。

Convoy のＣＥＯダン・ルイス氏によれば、

「アメリカのトラックの40パーセントは空っぽで走っている。さらに、非効率なスケジューリングのせいで『何もせずに止まっている時間』が大量にある」

ということです。

その一方で、荷物を運んでほしい業者は必死になってトラックを探しています。何ともミスマッチな現実です。

ダン・ルイス氏はもともとアマゾンのロジスティックス部門で働いていて、その経験のなかで「この分野のテクノロジーは極端に遅れている」と気づいたといいます。ルイス氏に言わせれば「この業界の人の勤務時間の大半は、電話をかけて、空いているトラックを探すことに費《つい》やされている」ということです。

そのくらい「運んでほしい業者」と「運びたいトラック業者」のマッチングはうまくいっていませんでした。

アメリカのトラック輸送の市場規模は約８０００億ドルともいわれています。しかし、大多数の企業はトラックを３台以下しか所有していない、いわゆる家族経営のようなもの。

それだけ小さな規模で経営していると、どうしても自社の力だけで運送の効率を高めるのは難しいものです。そのため業界全体としての効率が悪くなり、逆の見方をすれば、マッチングビジネスの参入余地が大きかったということです。

実際、Convoy は創業後４年で６億６８００万ドル（約７３０億円）の資金調達に成功しており、投資家のなかには、アマゾンの創業者ジェフ・ベゾス氏、セールスフォースの創設者マーク・ベニオフ氏など錚々たる顔ぶれが並びます。それだけ成長が期待されている企業であり、注目されている業界だということです。

Convoy の存在は、業界にインパクトを与える、まさに「業界破壊企業」であることは間違いありません。

他方、同じ物流分野でアマゾンをはじめとする多くのチャレンジャーがドローンを使った空路配送も計画しており、新しいスタートアップやテクノロジーによって、数年後の業界地図は大きく塗り替えられる可能性があります。物流業界は、今後、目が離せない分野のひとつといえるでしょう。

DoorDash《ドアダッシュ》

本社	サンフランシスコ
創業年	2013年
サービス	オンライン宅配
事業の着眼点	飲食店、在宅顧客、配送者の三者マッチングのしくみを作る

DoorDashが行っているオンライン宅配というのはUberEats（ウーバーイーツ）が行っているサービスと同様のものです。在宅している人がレストランに注文すると、レストランの代わりに宅配者が届けてくれるというしくみです。

ここでのポイントはDoorDashやUberEatsが宅配そのものをするのではなく、

①　料理を配送してほしいレストラン
②　自宅に食事を運んでほしい人
③　空いた時間で宅配のアルバイトをしたい人

の三者を見事にマッチングしているという点です。

DoorDash の場合、利用者（消費者）は専用アプリからほしいメニューを選択すると、その店の混み具合や到着予定時刻などを確認することができます。

そして、実際の料理や商品の宅配は「ダッシャー」と呼ばれる一般の配送者が請け負います。ダッシャーはあらかじめ「配達可能エリア」「最低受注額」「勤務時間」などをアプリに入力しておき、その時間帯に待機しています。

利用者からの注文が入ると、最適なダッシャーに発注が入り、ダッシャーは２分以内に「受けるか、どうか」の返答をするというしくみです。ここで「受ける」という反応をすれば、その時点で仕事が始まります。

オンライン宅配市場は80億ドル規模

こうした近距離宅配のことを、１マイル（約１・６キロ）という言葉を使って「ワンマイル・デリバリー」あるいは「ラストワンマイル」といいますが、まさにこのワンマイル・デリバリー市場が今、急速に拡大しています。

DoorDash は北米約30万のレストラン宅配を行っていますが、それだけに留まらず２０１８年からは世界最大のスーパーマーケットチェーン・ウォルマートとパートナー契約を結びました。つまり、オンラインでウォルマートの商品を購入した人への宅配事業を始めたのです。

DoorDash のビジネス開発部門の責任者は、

「いずれ、人々が消費するあらゆる商品は２時間以内に宅配されるようになるだろう。DoorDash のパートナーは食料品販売やレストランに限らない。日常雑貨やリテール（小売）といった新しい分野へ参入する余地は十分にある」

と語っています。

今や料理や食料品だけでなく、あらゆる日用品に到るまで、「スマホで注文すればすぐに届く」という世の中が実現しつつあるのです。まさに「買い物」という概念は大きく変わっていくでしょう。

アメリカのオンライン宅配市場はすでに80億ドル（約８９００億円）ともいわれ、それを証明するかのように同様のビジネスを展開するDoorDash、UberEats、Postmates（ポストメイツ）、Lyft（リフト）、Instacart（インスタカート）はいずれも企業価値が10億ドルを超える、いわゆる「ユニコーン」となっています。

日本では２０１６年にUberEatsがサービスを開始。２０２０年の新型コロナウイルス禍、いわゆるコロナショックでこの流れは急加速しており、今後ますます「ワンマイル・デリバリー」が社会に浸透していくことが予想されます。日本において、どんな企業が、どんなアイデアでこのマーケットを席巻していくのか注目したいところです。

プラットフォームに責任はあるか？

この領域にも、もちろん課題や問題点があります。

たとえばDoorDashを例に考えてみると、「レストラン」「注文したお客さん」「宅配者」という三者がそれぞれの異なる意図を持って存在しています。

プラットフォームを立ち上げる際、「需要サイド」と「供給サイド」のバランスを保つことは難しいという話はすでにしましたが、それが三者になるのですから、その難易度はさらに上がります。

「提供側」「受け取る側」「宅配者」たちは、当然複数のプラットフォームを併用したり、比較したりしていきますから、「自分にとってメリットのあるプラットフォーム」「使い勝手がいいプラットフォーム」を選択するようになっていきます。

そうした厳しい競争のなかで、より三者が集まる魅力的なプラットフォームを作らなければ生き残れないという本質的な難しさもあります。

さらにもうひとつ「宅配者」と「注文したお客さん」とのトラブルをどう捉えるかというやっかいな問題が存在します。

たとえば、２０１９年には、ツイッターへの投稿から「UberEatsのつけ麺事件」と呼ばれる騒動が起きました。

投稿者はつけ麺を注文したお客さん。UberEatsで配達されたのですが、予定時刻よりも30分以上遅れた上に、つけ汁が溢れていたので、受け取りを拒否しました。

その旨をUberEatsに伝え、返金されます。

あってはならないことではありますが、ここまではよくあるトラブル、避けられないトラブルの範疇《はんちゅう》といえるかもしれません。問題はここからです。

この「受け取りを拒否したつけ麺」が投稿者のマンションの共用部分に無残に投げ捨てられていたという事実が発覚します。

その状況を知った投稿者がUberEatsにクレームを入れたところ、

「UberEatsの提供するシステムの問題ではなく、配達人の問題であるため、自身で警察に届けてください」

と介入を拒否されてしまったのです。

UberEats側に言わせれば、**「マッチングするプラットフォームを提供してはいるけれど、宅配のクオリティを保証しているわけではないよ」**というわけです。

結局、捨てられた料理の後始末は、この投稿者自身が行ったということです。

この経緯を、無残なつけ麺写真とともに投稿したことで一気に拡散、ニュースにまで取り上げられる騒ぎになりました。

この問題が示すように、UberEatsやDoorDashが提供しているのは「宅配サービスそのもの」ではなく、あくまでも「宅配者をマッチングするサービス」です。すなわち、宅配のクオリティであるとか、宅配者のマナー、振る舞いまでを保証しているわけではありません。ここが大きなポイントです。

これがもし「店が宅配している」とか「店が雇った業者が宅配している」ということであれば、店側にクレームを入れるなり、宅配業者に文句を言うこともできますが、今回のケースでは「いったい誰に責任があるのか」というところが微妙になってきます。

もちろん、一番問題があるのは宅配をした本人です。「本人に責任を負わせればいい」と言いたいところですが、実際に十分な体制が整っているとはいえません。

UberEatsが提供しているシステムには「宅配者を評価する」という機能も含まれているので、こうしたケースの場合、宅配者に「悪い評価を付ける」ということは可能ですが、それで被害を受けた消費者が満足するとは考えられません。

オンライン宅配のマッチングサービスは、誰にとっても便利で、働き手にとっても「空いた時間と労力を効率よく使える」というメリットがあるのは事実です。

一方で、社会的に浸透すればするほど、こうしたトラブルが増えてくることも想定しておく必要があります。

しくみや制度を十分に整える前に「サービスを開始してしまう」というビジネススピードこそ、スタートアップの魅力ではありますが、ビジネスが成功し、拡大した後には、さまざまなリスクを想定し、ビジネスモデルの精度を高めていくことが求められるのもまた、ひとつの宿命といえるでしょう。

Opendoor
オープンドア

本社	サンフランシスコ
創業年	２０１３年
サービス	不動産のオンライン買取販売
事業の着眼点	不動産をオンラインで買い取る。30日以内なら返金可、２年間の修繕保証も

Opendoor のビジネスモデルを語る前に、そもそも不動産業界にもテクノロジーの波が押し寄せているという背景を知っておきましょう。

近年は、既存の専門領域とテクノロジーを掛け合わせる「〇〇テック」という言葉をあちこちで耳にします。「フィンテック」（金融×テクノロジー）という言葉を聞いたことがある人も多いでしょう。そのほか「メディテック」（医療×テクノロジー）、「エデュテック」（教育×テクノロジー）などと並んで「不動産テック」という言葉が登場するほど、この業界もＩＴ化が進んでいます。

もともと不動産業界は、いわゆる「町の不動産屋さん」のように、**「顔を合わせて、手の届く範囲でビジネスをする」というアナログのイメージ**があり、ＩＴ化が遅れている業界でした。「部屋探し」といえば「最寄りの駅の不動産屋さんに行ってみる」が当たり前だったのです。

しかし、テクノロジーの発展、浸透とともに「部屋探し」「家探し」「物件の売買」はもはや店頭よりもオンラインが中心となり、ポータルサイトの活用、ＡＩを使った物件査定など、さまざまな側面でＩＴ化が進んでいます。

その状況は日本もアメリカも同じです。ただし、日本では不動産情報の検索によく使われる「ＲＥＩＮＳ（レインズ）」というサイトは不動産業者専用であるなど、一般の人に向けた情報公開が十分とはいえません。一方、アメリカでは、誰もがネットで詳細な不動産情報を検索できます。それぞれの地域の価格推移や売買履歴はもちろんのこと、近隣にある学校のレベル、犯罪に関する内容までさまざまな情報を自由に閲覧することができます。

そうした背景もあって、アメリカでは不動産テックがより進んでいるのです。

不動産、即、買い取ります

そんなアメリカの不動産テックを支えてきたのが「Zillow（ジロウ）」「Opendoor」

「Redfin（レッドフィン）」「Compass（コンパス）」という四つの企業。ＩＴ業界の巨人「ＧＡＦＡ」（ガーファ：Google・Apple・Facebook・Amazon）をなぞって**「ＺＯＲＣ」（ゾーク）**という言われ方までされています。

そのうちのひとつがOpendoorです。

Opendoorのビジネスモデルで特筆すべきなのは、業界でいち早く「iBuyer」を取り入れたことです。「iBuyer」とは、簡単にいえば、**家を売りたい人からまず物件を買い取って、その後、転売する**というやり方です。

通常不動産業務とは、仲介業が主なので「家を売りたい人」が出てきたら、「その家を買いたい人」を見つけて、その間を取り持つというビジネスになります。会社にしてみれば、リスクの少ない、安定した事業が可能なのですが、このモデルには「売れるまでに時間がかかる」という問題がつきまといます。

当然、売り主は「できるだけ高く買ってほしい」という思いを持っていますが、なかには「急いで現金が必要なので、より早く買ってほしい」「高く売れるに越したことはないが、とにかく急いでほしい」という人もいるでしょう。

ところが、いわゆる仲介業務では、最初に設定した価格が高すぎてなかなか買い手がつかず、徐々に金額を下げるというプロセスがよくあります。一般に売却が完了するまでの期間は2カ月ほど、長い場合は半年ほどかかるといわれており、物件の内覧希望者が現れるたびに掃除をしたりと、その手間と時間的ロスが、とにかくストレスなのです。

そんな問題を大胆に解消してしまうのが「iBuyer」。とりあえず、会社がすぐに買い取ってしまうというビジネスモデルです。

Opendoor の場合、売り主はオンライン上のシステムに物件情報を入力すると、複雑なアルゴリズムを用いて即座に物件の査定がスタート。数日後には、おおまかな買取価格が売り主に提示されます。それに売り主が納得すれば、即買い取る。売り主は最短２日で現金化できるのです。

もちろん、一般的な査定価格よりやや安くなる可能性があるといったマイナス面もあります。ただ、それを受け入れてでも「早く現金化したい」という人にとっては非常にありがたいサービスです。

30日住んでみて、気に入らなければキャッシュバック！

Opendoorのような「iBuyer」をする企業にしてみれば、買い取った物件について「早く買い手を見つけたい」と当然思います。物件そのものが在庫になるので、長期間、抱えておくわけにはいきません。

そこでOpendoorでは、買い手にとって非常にありがたい（買いやすい）二つのしくみを導入しています。

ひとつは「30日間キャッシュバック保証」。これは業界にとって前代未聞の取り組みで、Opendoorから中古の家を買った人は、30日間住んでみて、気に入らなければ（購入時の手数料などを除き）全額キャッシュバックしてもらうことができるというもの。

住宅というのは、人生における最大の買い物なので、誰だって「失敗したくない」という思いが強い。そこで「30日間、試せる」というのは非常に魅力的なしくみといえるでしょう。

さらにもうひとつ。もともとアメリカでは中古物件を購入する場合、各種設備（電気系統、給湯設備、空調システムなど）の不具合に備えて1年間の保証がつくのが普通ですが、

Opendoor はそれを「2年保証」に延長して、買い手にさらなる安心感を提供しています。

こうしたしくみを整えることで、Opendoor は業界を破壊するほどのインパクトで、急成長しているのです。

ただし、Opendoor のビジネスモデルを継続するにはかなりの資金が必要です。そのための資金を集め続けられるのか。ここは重大な問題になります。後の第5章で、最近のスタートアップ・バブルの状況については詳しく触れます。

また、Opendoor の快進撃を見て「これは放っておけない」とばかりに大手不動産会社も「iBuyer」（不動産を買い取ってしまうやり方）を導入してきているので、今後の勢力マップがどう変わっていくのかも注目です。

Opendoor のビジネスの場合、シンプルに「安く買って、高く売る」ことがビジネスのキモであり、「即購入し、すぐに現金を支払う」というやり方によって、ある意味で中古住宅を安く買い叩くことができていました。しかし、そこにライバルたちが参入してくると、当然売り主も「早く現金化される相手のなかで、一番高値をつけてくれる相手」を探し始めます。Opendoor はＡＩを駆使することで高い査定価格を出すとしていますが、ライバルの登場と価格競争のなかで、今後どんな展開を見せるのか。注目したいところです。

第3章——ビジネスモデルによる業界破壊企業

Udacity
ユダシティ

本社	カリフォルニア
創業年	2011年
サービス	オンライン教育
事業の着眼点	ネットを活用し、安価で質の高い教育を届ける

Coursera
コーセラ

本社	マウンテンビュー（カリフォルニア）
創業年	2012年
サービス	オンライン教育
事業の着眼点	ネットを活用し、安価で質の高い教育を届ける

本章ではまず、Udacity と Coursera という、ほぼ同じビジネスを展開している二つの企業を併《あわ》せて取り上げたいと思います。この2社のビジネスはオンライン上で質の高い教育コンテンツを提供するというもので、それ自体は特にめずらしくはありません。

しかし、２０１２年頃からオンライン教育業界は猛烈な勢いで変わってきています。特に**大学などの高等教育については「教育を受ける」「何かを学ぶ」という体験そのものが根底から覆《くつがえ》ってしまうような激変が起こっています。**

インターネットが広げた講義の可能性

「ＭＯＯＣ」（ムーク）という言葉を聞いたことがあるでしょうか。「Massive Open Online Course」の略で、直訳すると**「大規模に公開されたオンライン講義」**という意味です。複数形にした「ＭＯＯＣｓ」（ムークス）と呼ばれることもあります。

受講料は基本無料（一部有料オプションあり）で、インターネット環境さえあれば、誰でも、どこでも、世界の名門大学の講義が受けられるというサービスの総称です。

「ＭＯＯＣ」にはハーバード大学、スタンフォード大学、マサチューセッツ工科大学、プリンストン大学など名だたる大学が参加していて、２０１３年からは東京大学も参加しています。

こうしたハイグレードな教育コンテンツを発信しているプラットフォームがUdacityで

あり、Courseraです。ちなみに、もうひとつ非営利のプラットフォームとしてedx（エデックス）というのがあって、主にこの三つが中心となって展開しています。

Courseraはスタンフォード大学、ミシガン大学、プリンストン大学などの講義を主に提供していて、edxではハーバード大学、マサチューセッツ工科大学などの講義を受けることができます。

Udacityに関しては、もともとは大学の講義を中心としていましたが、近年はより専門性を高め、現在ではコンピュータサイエンス、ＡＩ、ディープラーニングなどの専門領域の講座を多く提供しています。

このように上手に棲《す》み分けをしながら、複数のプラットフォームによって世界最高の教育コンテンツが配信されています。

前述した通り、講義を受けること自体は原則無料。ただし、修了証の発行や成績・評価を受けるなどの付加サービスを希望すると有料になるというしくみで、典型的なフリーミアムモデルです。

２０１３年には「ＭＯＯＣの日本版」として「ＪＭＯＯＣ」(Japan Massive Open Online Courses Promotion Council) も開設されており、さまざまな大学の講義がオンライ

ンで、無料で受けられるサービスが始まっています。

　ここで紹介している「ＭＯＯＣ」は、プラットフォーム型のビジネスでもありますが、「世界最高峰の授業を、オンラインで、無料で、誰でもどこでも受けられる」という驚きの顧客体験により、教育の新しい潮流を作り出しました。

　ラジオ講座、放送大学など、自宅にいながら何かを学ぶというスタイルは日本でも古くからありますし、学習塾などを中心にオンライン授業はすでに広く普及していますが、大学から小学校までの学びの本流においては、決まったキャンパスに通い、そこで講義を受けるというスタイルが当たり前です。

　しかし「ＭＯＯＣ」が作り出したオンライン教育のトレンドは、２０２０年におけるコロナウイルスの世界的なパンデミックにより、教育の本流を劇的に変えていく可能性を秘めているといえるでしょう。

ハーバードやスタンフォードよりも人気の「ミネルバ大学」

大学教育のイノベーションの最後に、一風変わった大学のことを少しだけ紹介しておきましょう。

２０１４年に開校された「**ミネルバ大学**」という学校を聞いたことがあるでしょうか。

日本では知らない人も多いのかもしれませんが、**今やハーバード大学やスタンフォード大学を蹴ってでもミネルバ大学を選ぶ人が出ている**ほど、世界中の注目を集める、驚きの大学なのです。

ただし、いわゆる「大学」の様式とはさまざまな点で異なります。

わかりやすいところでいえば、まず**ミネルバ大学には決まったキャンパスがありません。**

学びの拠点は、サンフランシスコ、ソウル、ハイデラバード（インド）、ベルリン、ブエノスアイレス、ロンドン、台北と世界7都市にわたり、学生は4年間で、その7都市を移動しながら学びます。

従来の大学とは、学びのスタイルから、ライフスタイルまで、すべてが決定的に異なるのです。

それぞれ7都市にある研究関連施設や芸術施設、あるいは図書館などを利用しながら、ときに現地の企業、自治体、市民団体などと共同プロジェクトを実施しながら、さまざまなことを体験し、学んでいきます。

学校そのものは全寮制ですが、いわゆる授業、講義に関してはすべてオンラインで行われます。

何から何まで異例づくしの大学ですが、今や世界中から2万人を超える受験者が殺到し、合格率はわずか2パーセント。大変な狭き門になっています。

これまでのキャンパスライフといえば、郊外に広大な敷地があって、そこで多くの学生たちが集《つど》い、決まった校舎で講義を受けるというものでしたが、そのイメージそのものが今、大きく変わろうとしています。

新型コロナウイルスの感染拡大を受けて、ハーバード大学やマサチューセッツ工科大学など多くの大学が、

「すべての授業をオンラインに移行し、キャンパス内に大勢の学生が集まらなくても授業を受講できるようにする」

という方針を決定しました。

さまざまな環境変化のなかで、学びの場は大きく形を変えようとしているのです。

Progyny
プログニー

本社 ニューヨーク
創業年 ２００８年
サービス 不妊治療サービス
事業の着眼点 体外受精を含む不妊治療の費用補助や相談を提供する

Progyny のビジネスを一言でいえば「不妊治療サービスの提供」です。

しかし、この会社の最大のポイントは**「高額な治療を含めて、福利厚生として提供する」**というところにあります。

そもそも不妊治療には多額のお金がかかります。治療にもさまざまな方法、レベルがあります。

たとえば、体外受精をする前にもさまざまな検査を受ける必要があり、さらに、検査を経て、体外受精をしたとしても、必ず一度で妊娠するわけではありません。二度、三度と繰り返し体外受精をする人も多く、そのたびに30万から50万円というお金が出ていきます。

通院開始からの合計費用が１００万円以上かかったという人が半数以上、２００万円以上かかる人も決してめずらしくないというのが不妊治療の実情です。

不妊治療とは、体力的、精神的な側面だけではなく、経済的にも大きな負担を強《し》いられるものなのです。

そういった高額な不妊治療を会社の福利厚生として提供する。それがProgynyのビジネスモデルです。

企業がProgynyと契約すると、従業員はお金の心配をすることなく、高度な不妊治療を福利厚生として受けることができます。また、多忙な女性社員のスケジュールに合わせて、処置や治療に関するコンサルティングも提供しています。不妊に悩む人、さらにはその家族にとっては非常にありがたいサービスです。

ちなみに、日本にも「スグケア」という不妊治療サービスを提供している会社があり、同社も２０１９年から企業における福利厚生としてのサービスを開始しています。ミクシィが会社としてその福利厚生サービスを利用することでも話題になったので、ご存じの方もいらっしゃるかもしれません。

こうした「高額で、負担の大きい不妊治療サービスを会社の福利厚生でまかなう」という動きは、世界で（特に先進諸国の間で）今後も広がっていく可能性があります。

出産、育児をサポートするという動きは日本でも常識になりつつありますが、さらにその一歩手前の「妊娠する」ということ自体を会社がサポートする時代がもうそこまできているのです。

企業の急成長を支えたアメリカの社会と文化

ただし、日本とアメリカとではいくつかの点で事情が異なります。

アメリカの場合、労働力の流動性が日本に比べて高いので、企業にしてみれば「優秀な人材を逃がしたくない」という思いは当然強くなります。

それだけ会社として、人材の流出阻止に力が入っているのです。だから、多少のコストがかかっても、福利厚生を充実させることによって「働きたい会社」「働きやすい会社」を目指していくというわけです。

特に、アメリカでは管理職を含め、女性の登用、女性活躍が進んでいるので、「女性にとって働きやすい職場」「女性にとってメリットの大きい福利厚生」が求められるという事情もあります。

こうしたいくつかの理由によって、Progyny のようなサービスは日本よりもアメリカ社会の方がより受け入れられやすいという側面があり、グーグルやマイクロソフトなど超一流の企業が同社のサービスを採用しています。

事実、Progyny は不妊治療の福利厚生サービスを本格稼働した2016年から、わずか3年後の2019年には売上高が約240億円。ナスダックに上場して、時価総額は約2000億円に達しています。

アメリカの文化や社会がそれだけの急成長を支えていることは間違いありませんが、女性の社会進出、労働力の流動性の高まり、深刻化する少子化など、日本の社会情勢も同じ方向に向かっていることは確かでしょう。

今後、日本でも「高度な不妊治療を企業がサポートする」というビジネスが成長する余地は十分にあるのではないでしょうか。

Peloton
ペロトン

本社	ニューヨーク
創業年	2012年
サービス	在宅フィットネス
事業の着眼点	バイクと動画の連動で自宅にフィットネス空間を作る

Peloton のビジネスモデルはフィットネス用のバイクを販売し、在宅でワークアウトができるというものです。

Peloton 専用のバイクには大型モニターが付いていて、画面に流れる動画を見ながら、ユーザーは家庭でフィットネスを行います。

バイクの販売価格は約２２００ドル（約24万円）。動画を見ながらの受講はサブスクモデルとなっていて月額39ドル（約４３００円）で、どんなクラスも受け放題となっています。

これだけ聞くと「そもそも20万円以上もするフィットネスバイクを買うだろうか」と思う人もいるでしょうし、月４０００円以上払って、自宅で動画を見ながらバイクを漕《こ》ぐというフィットネスがどれほどウケるのかと疑問を持つ人もいるでしょう。

ところが、これが全米で大ウケなのです。

理由はいくつかあるのですが、まずは何といっても魅力的で、バリエーション豊かなインストラクター陣です。

そもそもPelotonは、最初から「在宅でのフィットネス」を展開していたわけではありません。一般のスポーツジムと同じように実店舗を持っていて（現在も実店舗は存在している）会員はそこへ行って体を動かすという、ごく普通のフィットネスジムでした。

ただし、ワークアウトのスタイルは特徴的で、**薄暗いスタジオにフィットネスバイクがズラリと並び、クラブを思わせる音楽がガンガン流れ、これまたクラブと同じような照明のなか、バイクを漕ぐというハードなもの。**

最前列には、テンションが高く、場の空気を一気に盛り上げるようなインストラクターがいて、一緒にバイクを漕ぎながら、ときに厳しく、ときに優しく声をかけ、参加者みんなで汗をかくというスタイルです。

そんなプログラムとインストラクターが話題を呼び、**人気のクラスは予約が取れない状況が続くようになり、その打開策として「自宅でできるオンラインのワークアウト」へと進化**していったのです。

自宅にいながらでも「スタジオのライブ感」を演出する

自宅にいながら、動画を見てバイクを漕ぐというのは「気軽さ」という意味で大きな魅力です。その半面、「モチベーションが持続しない」「結局、運動をしなくなってしまう」などのデメリットもあります。

その点、Pelotonでは、ユーザーが同じ動画を繰り返し見るのではなく、リアルタイムのライブでワークアウトを実施するパターンと、録画されている動画をストリーミングしながらフィットネスするという二つのパターンが用意されています。

いずれにしても、ユーザーは常にオンラインでつながっていて、**「ライブ感」にこだわったつくり**になっています。そのため「家にいながら、ジムのクラスに参加している」という体験ができるわけです。

画面には、同じ時間に、同じプログラムを体験している人の情報が次々と表示され、今、どんな人が参加していて「自分の順位が何位なのか」などもリアルタイムでわかるしくみになっています。

さらに、画面の中央にはインストラクターの姿がカメラ目線で映っていて、あたかも1対1のプライベートレッスンを受けているような雰囲気もありながら、それでいてスタジオのみんなと一緒にワークアウトしている感覚も味わえるという、絶妙なコンテンツになっているのが特徴です。

だからこそ、家にいながらでも「この時間の、このインストラクターのクラスに参加しよう」というモチベーションにもなりますし、オンライン上の参加者と一緒に、ときに競い合いながら、体を動かせるというしくみになっています。

このライブ感、臨場感が人気を呼んでいるのです。

「何でも自分たちでやってしまう」というビジネス戦略

Pelotonのビジネス戦略として、もうひとつ非常に興味深いのが、すべて自分たちでやってしまうというサービスの品質に対するこだわりです。

ビジネスの構造を表す言葉で「垂直統合型」と「水平統合型」（水平分業型ともいう）という表現を聞いたことがあるでしょうか。

垂直統合型とは、製品の開発、生産、販売に到るまでのすべてを一社でやってしまうやり方です。パナソニック、シャープ、ソニーなど日本の名だたる電機メーカーはほとんどがこのスタイルで成長してきました。すべての工程を自社で行うことで、すべての領域で高いクオリティを維持することができ、まさに「メイド・イン・ジャパン」というブランドが確立したともいえます。

一方で、**製品の核となる部分は自社で開発し、製造しますが、それ以外の部分は他社に委《ゆだ》ねるというのが水平統合型**です。多くの人が使用しているウィンドウズパソコンはその代表的な例です。コアとなるＣＰＵとＯＳはインテルやマイクロソフトが提供し、本体のデザインは各社が、そして製造は中国や台湾の工場で行います。その方が人件費を安く抑えることができますし、現代のビジネススピードを考えると、いちいち自社で広大な工場を保有し、すべてを自社でまかなうというのは現実的には難しくなってきています。

Pelotonは垂直統合型。「何でも自分たちでやってしまえ！」という考え方です。

ユーザーが使用するフィットネスバイクを自社で開発しているのはもちろん、すべての動画コンテンツも自前で作成しますし、すべてのソフトウェアのみならず、バイクに搭載するタブレットまでもが自社開発という徹底ぶりです。

それだけではありません。ユーザー宅への配送も「Peloton」というロゴのスタイリッシュな専用のバンを使用し、自社のスタッフが行い、機材のセットアップから、ユーザーに対するレクチャーまですべて自前でやってしまいます。ルックスのいいインストラクターが自宅までやってきて、セットアップと使い方の指導をしてくれるという徹底ぶりなのです。

ビジネスの効率だけを考えるなら水平分業にした方がメリットが多いのですが、Pelotonが顧客に提供しているのは**「単なるフィットネスバイクの販売」ではなく、Pelotonというまったく新しいブランドの「体験」なのです。**

だからこそ、新しいフィットネスマシンが自宅に届き、セットアップが完了し、実際にワークアウトを始めるところまで、完全に演出されたストーリーが確立しているのです。

その結果、顧客推奨度を示すＮＰＳスコアは91と全米で2位、チャーンレート（解約率）はわずか１パーセントと驚きの顧客満足度を実現しており、世界的にも注目されています。

ちなみに、デイビッド・ベッカム氏やマーク・ザッカーバーグ氏もPelotonの会員だといわれており、そういった「セレブ御用達」というイメージもPelotonには追い風になっているでしょう。

Ellevest
エレベスト

本社	ニューヨーク
創業年	2014年
サービス	女性向け投資顧問
事業の着眼点	ライフステージを考慮した女性専用の資産運用をする

Ellevest のビジネスモデルは非常にシンプルで、AIを使ったロボアドバイザーで顧客の資産運用をするというものです。これまでの投資サービスは、そのほとんどが高収入の男性にフォーカスしたものでしたが**「顧客を女性に絞った」ところが最大のポイント**です。

「女性に絞る」とだけ聞くと、それほど大きなイノベーションではないように感じるかもしれませんが、Ellevest のビジネス戦略は、単なる「顧客特化」ではなく、むしろ**「女性の資産運用に対する意識改革」「男女格差の縮小」という社会的メッセージが色濃く含まれています。**

こうしたビジネスが成功する背景には、収入や賃金はもちろん資産運用に到るまで、さまざまな側面における男女格差の存在があります。

たとえば、こんな数字を聞いたことがあるでしょうか。全米平均で**男性の賃金を1ドルとすると、女性は76セントしかない**。よく使われるデータです。日本に比べて男女平等が進んでいるイメージのあるアメリカでも、男女の賃金において約25パーセントもの格差が生じているのです。ちょっと驚きの数字ですね。

さらに、奨学金においても、その傾向は顕著に見られます。アメリカでよく知られている奨学金を合計すると約１兆３０００億ドルにのぼるといわれますが、その３分の２は女性が借りているのです（全米大学女性協会発表）。

それだけ多くの女性が大学を出ているという証しでもあるのですが、この数字にはもうひとつカラクリがあります。それは、女性の方が低賃金のために「卒業後５年で返済する額」が男性より10パーセントも少ないという背景があるのです。それだけ女性は奨学金を完済するまでに時間がかかっているということです。

男と女では「投資に対するイメージ」がまるで違う

性別による相違点はまだあります。

Ellevestが公開しているレポートによると、そもそも男性と女性とでは資産運用に対する考え方や姿勢が違うことがわかりました。

一般に、男性は投資内容やリスクについて、よくわからない状態でも割合即座に意思決定し、投資行動に出る傾向があります。

一方、女性は慎重になりがちで、すべてを理解してからでないと投資を始めてはいけないと感じます。もちろん例外はありますが、そういう傾向が強いのです。

しかし、投資や資産運用において「完璧で十分な状態」はまず起こり得ません。つまり、女性のような慎重すぎるスタンスでは、なかなか投資を始めることができないとEllevestのレポートは指摘しています。

その報告では、年収８万５０００ドル（約９４０万円）の人が、その20パーセントを投資することなく貯金に回してしまったら、その後40年間で１１０万ドル（約１億２０００万円）以上を失うことになるとしています。

表現を変えると、年収８万５０００ドルの人が「20パーセントを投資に回す」という意思決定が遅れ、10年そのままにしてしまったら、その10年間「毎日１００ドルずつを失うのと同じ」とEllevestは主張します。

投資のことを詳しく知らない人でも、自分の年収の20パーセントを投資せずに貯金したら「毎日１００ドルずつ損をする」と言われたら、「今すぐにでも投資しなきゃ」と思い始めるのではないでしょうか。

もちろん、さまざまな条件、リスクもあるので、そんな単純な話ではありません。しかし、こうしたメッセージをEllevestは広く女性に向けて発信し、女性のための資産運用と意識改革をサポートしているのです。

メッセージとストーリーによってビジネスが広がる

EllevestのＣＥＯサリー・クロウチェック氏は、あるインタビューにおいて、**「女性が公の場でお金の話をするのは、はしたなく、醜《みにく》く、下品な行為であるという価値観を長期にわたって刷り込まれてきた」**

と語っています。

アメリカでもそのような価値観が浸透しているというのはいささか驚きですが、それくらい「女性」と「お金」、あるいは「女性」と「投資」というのは結びつきにくい要素だったということです。

そこに焦点を当て、「女性にもっと投資に関する正しい知識を持ってほしい」というメッセージを発信したことがEllevestの革新的な点であり、強みとなっています。

当然ながら、Ellevestには女性の支援者が多く、プロテニスプレイヤーのヴィーナス・ウィリアムズ氏や、ジョージ・ルーカスの妻で、女性起業家の象徴的存在ともいわれているメロディ・ホブソン氏といった著名なメンバーが支援に名乗りを上げ、話題になっています。

シンプルにいえば「顧客特化」のビジネスモデルですが、**そこに強いメッセージとストーリーが付加されることで、大きなムーブメントへと動き出した**好例といえるのではないでしょうか。

スキル、お金、アクセス、時間の「無消費」を探せ

さて、ここで少し話は横道に逸れますが、イノベーションを起こすにあたって、クリステンセン氏は「無消費を探す」ことの重要性を提唱しています。

世の中にはさまざまな理由で、潜在的なニーズがあるにもかかわらず、その商品やサービ

スが使われていない状況があるということ。これが「無消費」であり、その要因として、

①　**スキル**

②　**お金**

③　**アクセス**

④　**時間**

という四つを挙げています。

一つめの「スキル」というのは、**その商品やサービスを使いたいけれど、スキルが不十分で使いこなせない。ゆえに使わない**、という「無消費状態」です。

最近は減ってきましたが、たとえば高齢者にとってパソコンやスマホは、スキルの問題で無消費になっている傾向がありました。逆にいえば、スキルの問題さえクリアすれば、そこに大きなブルーオーシャン（手つかずのマーケット）が広がっているということです。

同様に、**「ほしいけれど高くて買えない」というのは「お金の無消費」**です。大胆なコストダウンができれば、消費者がたくさん出てくるという構造です。

あるいは、**「そのサービスを受けたいけれど、遠すぎて行けない」「商品がほしいけれど、自分の地域では売ってない」などは「アクセスの無消費」**です。このケースはネット販売や

オンラインサービスで解決できる可能性があります。

また、**「ぜひ使ってみたいけれども、時間がかかりすぎる」**ために使っていないこともあります（時間の無消費）。たとえば、画期的な学習教材があって、語学力が確実に向上するとわかっていても、学ぶのに時間がかかりすぎるとしたら、二の足を踏んでしまうでしょう。世の中には、そのような理由での「無消費」が、まだたくさん存在しているということです。

Ellevestのビジネスモデルから学べることは、「スキル」「お金」「アクセス」「時間」に加えて、**「価値観」による無消費が存在している**ということです。

「消費がまったくない」とはいえないまでも、本来、女性たちは投資に対してとても消極的で、これまで世の中に溢れていた投資関連のメッセージは「自分たちに向けられたものではない」と多く女性たちがスルーしていたのです。

そこに着眼したEllevestは、「もっと女性は投資の知識を持たなければいけない」「投資に興味を持たないことで、こんな問題が起こっている」というメッセージによって啓発を行い、無消費だった層をパワフルなマーケットに変えつつあるということです。

Thinx
シンクス

本社 ニューヨーク
創業年 ２０１１年
サービス 女性の生理用ショーツの販売
事業の着眼点 抗菌、発散、吸収、漏れ防止の4層を備えた、再使用可能なショーツを作る

Thinx は生理の際にナプキンやタンポンを必要としない、繰り返し使える専用ショーツを販売している会社です。

女性は**初経から閉経までの平均で約４５０回の生理を体験する**といわれています。にもかかわらず、ナプキンやタンポンは過去80年、その形をほぼ変えておらず、**女性の生理衛生用品はもっともイノベーションが遅れている分野**のひとつともいわれています。

その背景には、生理についてオープンに語ることは避けられている側面があり、先進的なイメージのあるアメリカでも、議論しやすいとはいいがたい状況にあるようです。

Thinx のビジネス戦略は、まさにそのような「タブーに挑戦している」ところにあります。新しい感覚や価値観を隠すことなく発信していくことで、**１９８１年～90年代前半に生**

まれたいわゆる「ミレニアル世代」を中心に熱い支持を受けているのです。

Thinxの広告戦略でもっともセンセーショナルだったのは、２０１５年にニューヨークの地下鉄で公開されたポスターです。ピンクのグレープフルーツを半分に切った断面を女性器に見立てたようなポスターが駅を占拠した光景はインパクト大で、当然のように物議を醸《かも》しました。一時はニューヨーク交通局が「不適切である」として掲載を拒否したほどです。

しかし、この交通局の判断をThinxサイドはむしろ逆手にとって「その判断こそ問題だ」「女性の生理を隠すことは差別である」といった主旨のメッセージを広告やＳＮＳを通じて積極的に発信し続けました。

この活動が多くの人の目に止まり、ＳＮＳを中心に支持者が広がっていったのです。

「生理の貧困」という社会問題に向き合う

Thinxはそのような広告で、単に話題作りをしているだけの会社ではありません。

ＣＥＯミキ・アグラワル氏は、インドやアフリカを含む多くの発展途上地域で、女性の生理用品が不足している現実に大きな問題意識を持っており、再生利用可能な生理用ナプキンを製造、販売しているアフリカのAFRIpadsという団体とパートナー契約を結ぶなど、社会貢献に向けた活動も積極的に行っています。

あまり知られていませんが、使い捨て生理用品というのは経済的、環境的な負担も大きく、先進国でも社会問題として取り上げられるようになってきました。

２０１７年、イギリス国内での調査では、**若い女性の10人に1人が「生理による貧困」に陥り、年間13万人以上が学校を休んでいる**という実態があきらかになりました。

途上国の事態はもっと深刻で、そもそも生理用品が手に入らないことも多く、その代替品の多くは不衛生で、経血が漏れやすいなどの問題をたくさん含んでいます。そのために女生徒たちが学校へ行くことができず、それが原因で男女の教育格差が生まれ、生活そのものの格差を生んでいるという指摘もあります。

清潔で、質がよく、繰り返し使用可能で、経済的負担も軽減できる生理用品は、さまざまな社会問題を解決するためのツールでもあるのです。

このような社会的メッセージと商品のクオリティ、さらにはセンセーショナルな広告戦略やＳＮＳでのファン獲得など、さまざまな要素の「かけ算」によってThinxは業界でも際立ったブランドイメージを作り上げ、新しい存在感を示しているといえるでしょう。

Casper《キャスパー》

- **本社** ニューヨーク
- **創業年** ２０１４年
- **サービス** オンライン寝具の販売
- **事業の着眼点** 「眠りを売る」という発想。１００日間のトライアルで、10年保証も付ける

Casper のビジネスモデルは、マットレスや羽毛布団などの寝具を作ってオンラインで売るというものです。それだけを聞けば、革新的な要素はあまり感じられないでしょう。

彼らのビジネスの特徴は**「徹底的なシンプル化」**にあります。自らを**「スリープ・カンパニー」と呼び「寝具ではなく、眠りを売っている」**とするこだわり。そこに Casper の本質が現れています。

アメリカのマットレス市場は１５０億ドル（約１・６兆円）ともいわれており、高価なマットレスを購入する人も少なくありません。高級ブランドともなれば数十万円することもあり、豪華なショールームに足を運び、その質感や品質を吟味して、自分にフィットするマットレスを購入していきます。

しかし、若いミレニアル世代は、金銭感覚やモノに対する価値観も変化しています。ショールームへ行って、店員から接客を受け、バリエーション豊かなラインナップを試し、自分なりの一品を選ぶという購買行動にストレスを感じる人が増えてきたのです。

そのような課題を「シンプル化」によって解決しようと考えたのがCasperです。

Casperは徹底的に「眠り」を研究することで、消費者に合わせて複数のタイプのマットレスを用意する必要はないという結論に達します。マットレスの生地について入念な調査を行った結果、ユーザーの多くは2種類の素材を好み、その二つを使用したマットレスを作れば、ユーザーに眠りの満足感を提供できる。そう結論づけたのです。

そして、Casperはたった1種類のマットレスで勝負に出ます。価格は500ドル（約5万5000円）というリーズナブルな設定をし、オンラインで販売することにしたのです。

考えてみれば、マットレスは1種類しかないので、ショールームに行ってあれこれ試す必要はありません。オンラインにすれば、簡単に素早く購入できます。「選ぶストレス」「購入のストレス」をごっそりと排除したシンプルな顧客体験がCasper最大の特徴です。

とはいえ、睡眠時に使うマットレスなので「試してみなければ不安」という人も多いでしょう。そんな顧客のニーズにもきちんと対応しており、Casperでは「100日間のトライアル」と「10年保証」を付けています。

さらに、狭い入り口や集合住宅でも簡単に配送できるよう、小型の冷蔵庫ほどに梱包できる画期的なパッケージを開発しました。

この手軽さがウケて、Casperは２０１４年の創業からわずか2年足らずで売上げ１億ドル（約１１０億円）を達成。まさに業界を破壊するインパクトを与えています。

「顧客のジョブ」に着目するからビジネスが成功する

Casperのおもしろいところは、いわゆる「寝具を売っている」のではなく、あくまでも「我々は眠りを売っている」と言い切っているところです。

この発想には、ビジネスを成功に導く重要なカギが潜んでいます。

「ジョブ理論」という言葉を聞いたことがあるでしょうか。

これもクリステンセンが提唱したもので、顧客は「商品」や「サービス」そのものを求めているのではなく「片づけたい仕事」すなわち「ジョブ」があり、そのために商品やサービスを「雇う」のだという考え方です。

ジョブ理論を説明する、とても有名な話があります。

あるチェーン店がミルクシェイクの売上げ向上を目指して、購入者の属性を分析し、その属性の人々を集め、商品改善のための調査を行いました。

その結果「もっとドロッとした舌触りの方がいい」「チョコレートの味は強めがいい」など味の改良を行いました。商品を購入している「コアの顧客」の好みに近づけたのです。

ところが、**せっかく改良したにもかかわらず、売上げはまったく伸びませんでした**。日本企業でもよくある「改善の失敗例」です。

そこで、あらためて顧客の行動を観察してみたところ「**朝の9時までに車で来店し、テイクアウトでミルクシェイクを買うお客さん**」が大勢いることがわかってきました。

なぜ、そんなお客さんが多いのか。

その理由を聞いてみると「通勤時に車の中が退屈なので、車中で楽しめるものがほしかった」「それで、少しでも小腹を満たせるものがいい」という意見があったのです。

これがコーラやジュースだったとしたら、すぐに飲み終わってしまいますし、お腹を満《み》たすこともできません。といって、バーガーやベーグルだとしたら、片手で手軽に食べるにはちょっと手間がいりますし、そもそも車内を汚してしまいます。

要するに、ミルクシェイクは「退屈な車の中」という状況において「しばらく楽しめて、車内を汚さず、しかも小腹を満たせる」という「顧客のジョブ」を見事に果たしていたのでした。微妙な味の好みなどはほとんど関係なかったのです。

このように「どんな商品やサービスが顧客に受けるか」という視点ではなく、「どんな顧客の、どんな状況における、どんなジョブを満たすのか」という発想で考えるのが、ジョブ理論です。それによって、企業は購買行動の明確な因果関係を発見できるようになります。

さて、これをCasperで考えてみましょう。

Casperが対象にしているのは「ミレニアル世代」です。

ではどういう状況で、どういうジョブが発生するのでしょう？

「夜にベッドに入ったとき」には「自然に、スムーズに眠りにつきたい」ですね。それに「朝、起きるべきとき」に「自然に、気持ちよく目覚める」のはいかがでしょう。

たとえば、Casperの新製品、ベッドサイドのライトは、就寝時間になると柔らかい光が徐々に暗くなって眠りに導き、起床30分前になると明るさを感知しながら、朝日のようにゆっくりと明るくなってゆきます。それ以外の機能、たとえば音楽のストリーミングやスマートスピーカーとの会話などは一切なし。不要な、むしろ眠りを妨げるストレスを生むような多機能性を排除しているのです。

SNSで「眠りに関するコミュニティ」を作る

Casperは「質のいいマットレス」を売っているのではありません。真正面から「気持ちよく眠る」という顧客のジョブに向き合っており、「マットレスやライトを売ったら終わり」というわけではなく、常にＳＮＳなどを使ってユーザーの意見を集め、プロダクトの改善を続けています。

彼らは、ユーザーとともに「質のよい眠り」を追求し続けているのです。同社の専用のアプリを通じて、自身の睡眠データを提供してくれるユーザー数は1万５０００人を超え、CasperのＳＮＳはフェイスブックで65万人、インスタグラムで16万人、ツイッターで11万人以上のフォロワーがいます。こうしたコミュニティを通じて「質のよい眠り」を追求し、サポートしていくというのがCasperの使命です。

単に「シンプルで、リーズナブルなマットレスを売る」というだけでなく、顧客のジョブと真摯に向き合う姿勢こそがCasperが成功している秘訣なのです。

Robinhood
ロビンフッド

本社	**メンローパーク（カリフォルニア）**
創業年	**2013年**
サービス	**手数料なしの株式売買サービス**
事業の着眼点	**株式や仮想通貨の取引手数料をなくし、取引データを販売する**

Robinhood のビジネスモデルは、**株式や仮想通貨の取引手数料をなんと無料にするという、典型的な「ザ・フリー化」といえるモデル**です。

株式などの売買をすると、取引ごとに手数料がかかるのは常識です。特に少額売買を繰り返す人たちにとって、手数料は無視できない負担ですので、完全に無料となれば、それだけで十分にインパクトがあり、業界を破壊するパワーを持つのは当然です。

Robinhood のサイトには、

「金融システムというのは、裕福な人たちだけのものでなく、私たちのような『残りの人たち』にも役立つべきである。私たちは、取引手数料を無料にするために、口座管理の人件費をはじめ、仲介業で費用がかさむ実店舗などさまざまな無駄を削減した」

とあります。裕福でない人たちにも投資のフィールドを提供するという、自信に満ちたメッセージです。

ちなみに、Robinhoodでは（1ドル以上であれば）「1株未満でも株が買える」というシステムも導入しています。たしかに「あの企業に投資してみたい」と思っても、1株の金額が大きければ、買うことができない人も多いでしょう。

たとえば、アマゾンの株は1株でも１５００ドル（約16万円）以上します。Robinhoodであれば、この１５００ドルを仮に持っていなくても、もっと小さい単位で株の売買ができ、その際の手数料は無料。そんなサービスも始まっています。

感覚的に株の売買ができるシンプルなアプリ

Robinhoodにはシンプル化の要素もあって、非常に単純なアプリを作り、ビギナーでも簡単に株の売買ができるシステムを提供しています。

フィンテック（テクノロジーを駆使した革新的な金融商品サービスの総称）の潮流もあり「オンラインの株式売買」そのものは決してめずらしくはありません。ただし、Robinhood

の場合、その簡便さが際立っており、面倒な手続き、詳細なデータ資料などのほとんどを廃し、誰もが感覚的に株の売買ができるようになっています。

やはり、Robinhoodの第一のターゲットはミレニアル世代。スマホの小さな画面でのアクセスが基本ですから、パソコンを前提とした複雑な画面が出てくると、すぐに他のサービスに移ってしまいます。それに、いざとなれば必要な情報は他のさまざまなサイトから自由にキャッチできるので、わざわざRobinhoodが詳細な資料、データを提供する必要はない。**発信する情報は必要最小限、それをいかに使いやすい直感的な顧客体験（ＵＸと表現します）にするか**が勝負なのです。

もともとアメリカ人は投資が大好きで、若い人でも当たり前のように株式投資をしますから、手数料が無料で、アプリ上で簡単に株の売買ができるとなれば、ユーザー数が一気に増えるのも当然だといえるでしょう。

２０１３年に創業したRobinhoodは急激にその知名度と業績を上げ、５年後の２０１８年にはユーザーが６００万人を突破、非上場ながら時価総額は６０００億円超の評価を受けています。

二つの収益源だけでサービスを維持できるのか

さて、これまで本書でも述べてきた通り、こうした無料化のビジネスを展開している企業は「どこで収益を得ているのか」というのが非常に気になるところです。

Robinhood の場合、そのカラクリはいくつかあるので順番に見ていきましょう。

まず、ごく一般的なやり方として、ユーザーはRobinhood に口座を作り、そこにお金を入れ、そこから株式などの売買をすることになります。この際、口座の資金のすべてが、常に投資に回っているわけではありません。つまり「ユーザーからの預り金」があって、この利息分を収益としています。ただし、こちらはそれほど太い収益源とはいえませんね。

もうひとつ、Robinhood には「ゴールド口座」というものがあって、この口座の利用者は月額費用を払うことで一定の融資を受けることができるという制度があります。たとえば、最低6ドルの月額費用を払えば、１０００ドルまでの融資が受けられるようになります。この月額収入と貸付金利によってRobinhood は収益を得ています。

ただし、これだけの収益源で、莫大な開発費用とサーバーコストがかかるであろうこのビジネスを支えられるとは考えにくく、共同創業者のウラジミール・テネフ氏は「**当面は収益に期待していない。新規顧客の獲得と既存顧客へのサービス向上を目指していく**」と語っています。

第三の収益源は「顧客の売買データ」

本来ならここで話が終わるところですが、Robinhoodにはもうひとつ「重要なカラクリ」があったことが明らかになりました。

２０１８年、Robinhoodはアメリカ証券取引委員会（ＳＥＣ）に報告書を提出したのですが、それによって**「顧客の売買データ」を企業に売却していた**ことがわかったのです。

これ自体は、法を犯したわけでも、顧客と交わした規約に違反したわけでもありませんでしたが、透明性の時代において、その事実をRobinhoodがオープンにしていなかったことは、ユーザーや社会の信頼を裏切る行為ととられても仕方ないでしょう。

「株式の取引を無料にします」「お金持ちでない人にも投資の機会を」「今は、収益は目指しません」といったトップの発言の裏で、ユーザーの膨大な「取引データ」を売り、大きな利益を得ていたとなれば、イメージダウンは免《まぬが》れず、メディアからも非難の記事が噴出することになりました。

彼らのビジネスモデルそのものが悪いわけではなく、今のところ強力な代替サービスもないために、即座にユーザーが離れることはありませんでしたが、無料化の裏にはこのような明確な狙いがあったことがわかりました。

Robinhood に限らず「顧客の取引データ」や「業界や商品のトレンドデータ」を売却するのはめずらしいケースではありません。

これからはＡＩがいよいよ本格的にあらゆる産業に浸透していくことが予想されていますが、**その核となる機械学習やディープラーニングという技術においては、ＡＩが参照する「ビッグデータ」の量と質が命なのです。**多くの人が利用し、データが集まれば集まるほど、ＡＩの精度を高めることができます。

すなわち、ＡＩがより社会に浸透するほど「ビッグデータ」の価値が高まっていくのです。

そのため、今後、Robinhood のように**データ販売によってフリー化するというビジネスモデルは増加していく**と考えられるでしょう。

Virta Health
ヴァータ・ヘルス

本社　サンフランシスコ
創業年　2014年
サービス　糖尿病のオンライン診察
事業の着眼点　患者、医師、コーチによるチーム医療を最新技術で実現する

Virta Health のビジネスは**2型糖尿病と診断された人に対して、オンラインを使いながら治療支援を行う**ものです。**治療だけに留まらず、生活習慣の改善も含めて総合的に支援していく**というところに大きな特徴があります。

糖尿病というと、インスリン注射に代表される薬を投与しながら、状態を安定させるというイメージがありますが、この会社の取り組みは生活習慣、食習慣を改善することで薬を減らし、健康を取り戻していくというところに軸足があります。

ポイントは、やはり2型糖尿病に特化しているという点。徹底的にこの病気を研究し、分析することで、簡単には他社が真似できないクオリティ、信頼性を生むことができます。

インターネットが普及して以降、特定分野において「トップシェア」であることの重要性

が高まりました。情報が自由に行き交い、オンラインを通じて距離と関係なくサービスを受けられる環境が整ってくると、いい商品やサービスは瞬く間にクチコミが広まり、ブランドが形成されます。

つまり**「その分野のトップ」であることが大きな意味を持つ**のです。

診断は医師が、生活習慣の改善はコーチがサポートする

もうひとつ、Virta Health の特徴的なところは、患者はもちろん、医師とコーチというチームで治療や生活習慣の改善を行っていくという体制にあります。

サービスを申し込むと、まず専用アプリに連動した体重計、血圧計、血糖測定器などが送られてきて、その数値をオンライン上でデータ管理することになります。同時に、正しい食事など生活習慣を改善するための動画を見て、患者自身が学習するというシステムも整っています。

こうした環境のなかで、体のデータを医師がモニタリングして、食習慣、生活習慣などの改善サポートについてはコーチが担っていくというモデルです。

このサービスのなかでも特徴的なのが、コーチがサポートしてくれるという部分。「生活習慣病」という呼び方からもわかる通り、こうした病気において、もっとも大事なのは生活習慣の改善です。その際、「どんな改善が必要なのか」という指導そのものは医者でもできますが、その改善を実施し、継続するというのが一番ハードルが高いのです。

この部分をコーチが担う。この役割分担こそ、Virta Health のサービスに大きな付加価値を与えています。

Virta Health のサイトによれば、臨床試験の患者のうち63パーセントが薬物療法をやめることに成功し、94パーセントの患者がインスリンの使用をやめる、あるいは軽減することに成功しています。2型糖尿病治療の新しいスタンダードを提起しているのです。

テクノロジーによってコストダウンを図っていく

個別のサポートを手厚く行う場合、課題となるのがコストの壁です。個々の患者にカスタマイズされたメニューを作り、コーチが手厚いサポートをしようとすれば、当然手間と人件費がかかり、どうしても高価なサービスになりがちです。

Virta Health が実践しているのは、ＡＩなどのテクノロジーを駆使することで、その手間やコストを下げ、必要な部分にコーチが関わるというバランスを実現しているところです。

個々の体質改善のプラン作りはＡＩの力を借り、コーチとのコミュニケーションにおいても、オンラインのテレビ電話、チャットなどを使うことで、コーチと患者双方の時間的負担を下げることができます。

こうしたテクノロジーの進化によって、**手厚い個別対応をしている感覚を維持しながら、コストを低減させるという手法は、ひとつの潮流といえそう**です。

ちなみに、Virta Health の場合は、２型糖尿病のために使っている薬を減らす（なくす）というアプローチをしているので、そもそも「高額な薬代を減らせますよ」という点もユーザーにとっては大きなメリットになっています。

まだまだ多くの可能性を秘める「健康促進ビジネス」

Virta Health のような健康を促進するビジネスというのは、さまざまな意味で、まだまだ伸びしろがあります。

医療保険制度が個人に委ねられ、医療費の個人負担が高額なアメリカ社会では、当然「できるだけ医者にかかりたくない」という思いがあります。

そういう人にも「生活習慣の改善サポート」を受けることで、より健康な状態を維持できるというのは大きな魅力です。医療費にかかる金額とを天秤にかければ、「健康サポートを受けたい」と考える人は決して少なくないでしょう。

一方、日本のように国が医療保険を支えているような場合は、国にとって大きなメリットが生まれます。国が負担する医療費は莫大ですから、国にしてみれば、より積極的に生活習慣の改善を推進させたいわけです。

そのような流れで、**Virta Healthのような企業が国から補助金を受けたり、国と組んで、大きな企業の福利厚生として活用されていくなど、さらなるビッグビジネスに展開していく可能性は十分にある**でしょう。

第4章——テクノロジーによる業界破壊企業

Indigo Ag
インディゴ・アグリカルチャー

本社	ボストン
創業年	２０１４年
サービス	微生物による農業効率化
事業の着眼点	植物の共生微生物を使って農業効率を高める

テクノロジー型のイノベーションの業界破壊企業として最初に取り上げるのは Indigo Ag です。

Indigo Ag 全体のビジネスモデルを一言で説明するのは難しいのですが、農作物をより効率よく作り、それをバイヤーに流して、消費者のもとへ届けるという農業ビジネスのフロー全体をサポート、マネジメントしている農業支援企業です。

農業全体にビジネスを展開しているとはいえ、Indigo Ag の強みは何といってもテクノロジーの革新にあります。

２０１４年の創業から、種子処理を施すマイクロバイオテクノロジー、土壌のサンプリング技術の向上、穀物品質検査など、さまざまな農業に関する先駆的な技術開発を行っています。

現在、世界の食料問題は深刻で、8億人以上の人が食料不足に苦しんでいるといわれています。

実に9人に1人という割合です。

「必要な人のところに、正しく食料が届いていない」という農作物の分配や輸送、さらには食品ロスの問題も非常に大きいのですが、それを差し引いたとしても、多くの専門家が**「世界の食糧需要の伸びに対して、農業生産性の伸びが追いついていない」**と指摘しています。

農業生産性の向上は世界共通の課題となっているといってよいでしょう。

だからといって、どんな手段でもいいから生産性を上げればいいというわけではありません。今の世の中「農作物は健康を害してはならない」「化学肥料の使用を減らせ」という健康志向の声が高まっているからです。

微生物を使ったまったく新しい農業技術のイノベーション

そんな難しい農業環境のなかで、Indigo Agが目を付けたのが微生物の活用です。

農業において微生物の活用は決してめずらしいものではなく、微生物を使うことで「より良質な土壌を作る」というアプローチは古くから当たり前のように行われてきました。

しかし、Indigo Agが実践したのはこれまでとまったく異なるもので、**内部寄生菌という、もともと植物のなかに存在する微生物を使うという技術**でした。

植物の種子のなかには多くの微生物が住んでいて、それが植物の成長に何かしらの影響を及ぼしています。**「微生物と植物の相互関係」を研究することで、植物の成長に好影響を与える微生物を種により多く含ませ、農業生産性を向上させる**という、画期的な発想で技術革新を行ったのがIndigo Agです。

私を含め一般の人には想像しがたい世界ですが、この技術革新のための研究は、当然一筋縄ではいきません。植物内のそれぞれの微生物が、実際にどのように影響を及ぼし、種が発芽し、作物ができるまでにどのような変化をもたらすのかを研究するのは気の遠くなるような作業でしょう。

Indigo Agの研究が成功した背景には、遺伝情報を解析する技術（ＤＮＡシークエンシング）が時代とともに向上してきたという点も挙げられますし、パソコン自体の性能が上がることで、膨大な微生物の遺伝子データベースを解析できるようになったことも大きいでしょう。

さまざまな要素が積み重なった結果、現在ではコットン、大豆、コーン、米、小麦などの収穫量の増大に成功しています。

Indigo Agによると、同社と契約し、インディゴコーンを栽培する農家は１エーカーあたり30ドルも多く稼ぐことができたといいます。アメリカでは１０００エーカーを超える農家もめずらしくないので、単純計算で３万ドル（約３３０万円）もの収益の差が出てくるわけです。

この数字を見れば、多くの農業従事者がIndigo Agと契約し、微生物を活用した種子を使うなど、さまざまなテクノロジーを導入したくなるのも当然だとうなずけます。

新しいテクノロジーを導入しやすいしくみを作る

さらに、Indigo Agのユニークなところは、農業従事者が負担するテクノロジーの料金を「収穫量の増加によって決める」というところです。

Indigo Agの経営陣は、

「従来の農業支援ビジネスは、農業経営者に前金で全額を支払うことを求め、あとはうまくいくように願うのみだった。一方で、Indigo Agは種を蒔《ま》く前には多額の支払いを求めず、収穫増によって増えた収益に見合った、相応の取り分をいただくだけだ」

と語っています。これは農業従事者にとって非常にありがたいシステムです。同時に、Indigo Agにとっても、それだけ革新的な技術が速く、広く普及していくビジネスモデルになるというわけです。

テクノロジーが本物だからこそできる効果的なビジネスモデルで、やはり他社が真似できない技術革新というのは、それひとつで、一気に業界を破壊してしまうほどのインパクトを持つことがわかります。

LanzaTech
ランザテック

本社 シカゴ
創業年 2005年
サービス 微生物のガス発酵技術
事業の着眼点 微生物のパワーでゴミから資源を生み出す

LanzaTechのテクノロジーを一言でいうと、排気ガスやゴミから新しいエネルギー資源を生み出すというもの。聞いただけで、革新性がきわだつ技術ですね。

排気ガスのなかには一酸化炭素、二酸化炭素、水素など有害なガスが多く含まれていますが、日々生活したり、工場などで何かを生産すれば、これらを大気中に放出するしかありません。世界中で盛んに環境保護が叫ばれていますが、「ガスの排出量を減らそう」というメッセージが中心です。

しかし、LanzaTechのテクノロジーはまったく異なるアプローチで、**こうした排気ガスを微生物に食べさせることによって発酵させ、エタノールを生成してしまうというもの**です。

生成されたエタノールは自動車の燃料はもちろん、航空機の燃料、いわゆる「バイオジェット」などのクリーンエネルギーへと活用されていきます。

まさに、地球環境問題とエネルギー問題を斜め上から一気に解決してしまうような驚異のテクノロジー。技術革新で世界を一変させるイノベーション企業です。

地中から掘り出した資源を何度も再利用する

LanzaTech の事業フィールドはまさにグローバルで、中国の製鉄所では、工場から排出されるガスを利用して年間３００トンのエタノールを製造するプラントが稼働しており、インドの石油会社やインドの政府機関との共同研究・開発も進んでいます。

また、積水化学との共同研究では、**ゴミ処理場に集められた一般廃棄物を分別することなく丸ごとガスに転化し、エタノールを作り出す**ことを世界で初めて成功させています。

ちなみに、エタノールはエチレンに変換できるので、そのエチレンを使ってペットボトルなどの容器を作ることも可能です。

これまで世界中が化石燃料に依存しており、化石燃料を使用することでエネルギー資源が枯渇する、いわゆるエネルギー問題が起こり、同時に、地球環境を汚染する問題も起こっていました。しかし、LanzaTechのテクノロジーを使えば、一度取り出した資源、炭素は何度も再利用可能となり、本来であれば「地球の環境を汚染している物質」がさらなる燃料となり、持続可能性が実現されるのです。

三井物産、全日空ら日本企業とも提携

これは地中燃料をほとんど持たない日本にとっても朗報で、事実LanzaTechのＣＥＯジェニファー・ホームグレン氏は、「原料を常に輸入に頼らなくてもよくなるという点で、炭素の再利用技術は日本の将来にとっても重視すべきものだ」と語っています。

実際、LanzaTechは日本企業ともつながりが深く、２０１４年には三井物産が中心となって６０００万ドル（約66億円）の増資を行っており、２０１９年には全日空が同社のテクノロジーによって製造されたエタノールを使ったバイオジェット燃料の購入を決めています。

今や世界のビッグビジネスにとってサステナビリティは重要なテーマであり、航空業界ももちろん例外ではありません。全日空も「サステナビリティで世界をリードする企業」「環境リーディングエアラインを目指す」と表明しており、彼らの目指す姿にLanzaTechのテ

クノロジーはぴったりとフィットしています。

「自ら作る」ではなく「ライセンスを売る」というビジネスモデル

これからますます活躍が期待されるLanzaTechですが、この会社が目指す姿は、世界中に自社の巨大プラントを作り、クリーンエネルギーをどんどん作ることではなさそうです。むしろ、世界中の工場にLanzaTechのテクノロジーをライセンス販売するビジネスモデルを考えています。既存の工場がエタノールを作り始めた段階で、その売上げから一定の割合を得ていくというものです。

世界中には排気ガスを排出している工場が無数にある一方、産業排気量の規制がどんどん厳しくなっています。

規制を受ける工場が（たとえば、それぞれの国の支援を受けながら）LanzaTechのテクノロジーを使用していくというのは、持続可能性を感じさせる現実的なビジネスモデルといえるでしょう。**自社の持ち物を多くするのではなく、テクノロジーを売っていく――**。そんなビジネスができるのも、やはり革新的な技術を持っているからです。

Apeel Sciences
アピール・サイエンス

本社	ゴリータ（カリフォルニア）
創業年	2012年
サービス	食品コーティング
事業の着眼点	農作物の鮮度が長持ちするように パウダーでコーティングをする

次に紹介するApeel Sciencesも、非常にユニークなテクノロジーを武器にビジネスを展開している企業です。

パウダー状の薬剤を水に溶かし、その液剤を収穫された農作物にスプレーすることで、鮮度が保たれるという技術を開発したのです。

Apeel Sciencesのホームページには興味深い比較実験の結果が示されています。

あるレモンをApeel Sciencesのコーティング剤をスプレーしたものと、何もしないもので比較すると、50日もすると通常のレモンの方は変色し、どす黒く腐敗が進んでいくのですが、コーティング剤をスプレーした方はほとんど収穫したてと変わらない、鮮やかな黄色のままの状態を保つというのです。

レモンよりもさらに腐敗が進みやすいイチゴで試してみると、さらにはっきりわかります。コーティングされていない方は3日もするとカビが生え始めているのに対し、コーティングされたイチゴは5日経っても、ほとんど変化が見られません。

Apeel Sciences は、それほど決定的な違いを見せるコーティング剤を開発したというわけです。

しかし、これだけ聞くと、「そんな危険なもの、人体に影響はないのか？」「その化学物質は大丈夫なのか？」とむしろ訝《いぶか》しんでしまいます。きっと多くの人がそう感じるのではないでしょうか。

この点も Apeel Sciences の技術の特筆すべきポイントです。彼らが開発した**コーティング剤は完全に自然由来のもので、収穫された野菜や果物のなかでも、本来は人の口に入らない皮や種などからオイルを採取し、原料としているのです。**

収穫された野菜や果物と同じ成分のものを吹きかけているので、安全性にまったく問題はないというわけです。事実、アメリカ食品医薬品局のガイドラインもきちんとパスしています。

コーティング剤で世界の食糧問題を解決する

創業者のジェームズ・ロジャース氏がこのアイデアを思いついたきっかけは「鉄の錆《さび》」だったといいます。

鉄は酸化して錆びていきますが、これに薄いコーティングをして錆びにくくしたものが、いわゆるステンレススチールです。これを農作物に転用したのです。

食品をダメにする原因は水分の減少と酸化。それを防ぐために、安全な薄い膜をまとわせたという発想なのです。

ロジャース氏がこのビジネスを立ち上げた出発点は、アメリカの食品業界の変革ではなく**「世界の食糧飢餓問題を解決したい」という思い**でした。とりわけ発展途上国では、保冷の設備やインフラが整っていないために、食料を保存したり、輸送することができず、食糧不足に苦しめられている人がまだまだ大勢います。

そんな問題を解決してくれるテクノロジーこそ、自然由来のフードコーティングだったのです。

実際にApeel Sciencesでは、収穫された作物を保冷することなく、鮮度を維持したまま消費者へと届ける物流システムを、ケニアやウガンダなどの国で構築しています。

また、**鮮度を長く保つことができれば、それだけフードロスを減らせる**という効果もあります。国連食糧農業機関によれば、毎年、食用として収穫された作物のうち3分の1にあたる13億トンが食べられることなく、腐敗してしまったり、廃棄されているといいます。

こうした世界的な数々の問題に対しても、Apeel Sciencesのテクノロジーが一役買うことは間違いありません。

今では、ビル・ゲイツ氏と妻のメリンダ氏が行っている「ビル・アンド・メリンダ・ゲイツ財団」をはじめ、多くの財団やベンチャーキャピタルが支援をしており、Apeel Sciencesはすでに４０００万ドル（約44億円）の資金を集めています。

たったひとつのテクノロジーがさまざまな問題を解決する

Apeel Sciencesのフードコーティング技術を使用した作物は、現在レモン、梨、桃、アスパラガスなど30種類以上にわたり、コストコやアメリカの大手スーパーマーケットチェーンのハープス・フード・ストアーズでも取り扱われています。

Apeel Sciencesのフードコーティングを使った商品は、遺伝子組み換えのような技術とはまったく異なるので、特別な表示義務はありませんが、それでもあえて「表示」するようにしている点も注目を集めています。

「Apeel Sciencesのコーティングをされた商品」だと示すことで、むしろ商品を差別化、ブランド化しているのです。健康を害することなく、自然由来の商品でありながら、通常よりも鮮度が長持ちするのですから、付加価値がつくのも当然です。

実際、ハープス・フード・ストアーズでは、フードコーティングされたアボカドの売上げは10パーセント向上し、商品における利益は65パーセントもアップしたといいます。

さらに、農作物をコーティングするというユニークなテクノロジーにより、本来であれば輸送することが難しかった遠方にも新鮮な作物を届けることにもつながるでしょう。

また、輸送中の保冷が不要となれば、それだけコストやエネルギーの削減にもつながるかもしれません。「食」の問題を超えて、さまざまな社会課題を解決する可能性を秘めた技術といえるでしょう。

Phononic《フォノニック》

本社	ノースカロライナ
創業年	2009年
サービス	半導体による冷却機器製造
事業の着眼点	半導体の吸熱効果を利用して、可動部品なしの冷却装置を作る

Phonononic のビジネスは、まったく新しいアプローチで冷蔵庫を開発し、販売するというものです。

Phononic の新しいアプローチを理解するためにも、まずは一般的な冷蔵庫の基本構造をおさらいしておきたいと思います。

そもそも冷蔵庫というのは、コンプレッサー（圧縮器）、コンデンサー（凝縮器）、エクスパンジョン・バブル（拡張弁）、エバポレーター（蒸発器）という四つの主要機器から成り立っています。

そして、おおまかにいうと「空気を圧縮して液化する」「それをまた空気に戻す（気化）」という工程によって冷却する構造になっています。

まず、空気を圧縮して液体に変えるのはコンプレッサーとコンデンサーの役割で、このときに熱が発生します。そのため、冷蔵庫にしろ、エアコンにしろ、冷却する機器には、本体の外側（エアコンならば部屋の外）にコンプレッサー、コンデンサーという大きな機械が必要となります。発生した熱を外に逃がさなければならないからです。

こうして圧縮され、液化された空気を、今度はエクスパンジョン・バブル（拡張弁）、エバポレーター（蒸発器）という機械で膨張させ、もとの気体に戻します。いわゆる気化するプロセスですが、その際に周囲の熱が奪われます。

この性質を利用して、冷蔵庫なら庫内、エアコンならば室内の空気を冷やし、さらにそれをファンなどで循環させるというしくみになっています。

これが冷蔵庫、冷却装置の一般的な構造で、今でも広く使われています。

半導体を使って冷蔵庫を作る!?

この領域にまったく異なるアプローチを試みて、製品として完成させたのがPhononicという企業です。

Phononic が着目したのは、半導体を利用するという方法でした。

その構造を詳しく理解するのは難しいのですが、**簡単にいうと、半導体には「熱を吸着する」性質があって、それを利用して冷蔵庫や冷却装置を作ってしまおうというアプローチで**す。なかなかユニークな発想ですね。

もちろん一般的な半導体とは異なり、小さくて、効率的に熱を吸着する半導体チップを開発する必要があったのですが、Phononic はこの研究に成功し、商品化まで漕《こ》ぎ着けました。

Phononic の冷蔵庫の特徴は、とてもコンパクトであること。前述の通りコンプレッサーなど大がかりな機器は不要となります。その上、半導体チップは小さいモノだと親指の爪ほどの大きさしかありませんから、冷蔵庫そのものを圧倒的に小さく、軽くすることができます。

これによって、冷蔵庫の使い方の概念を大きく変えたのです。

たとえば、従来の常識でいえば、食卓にわざわざ冷蔵庫を持っていって食事をする人はいませんが、Phononic の冷蔵庫なら、手軽にテーブルに持ってきて、ワインなどの飲み物を冷蔵庫から直接取り出しながら、食事を楽しむスタイルも可能になります。実際、バーカウンターの上に Phononic の冷蔵庫を設置しているお店も出てきています。

また、Phononic の冷蔵庫はコンプレッサーを使用していないので、ほとんど音がしません。食事をしている横で、例の冷蔵庫のブーンという音がしたら興《きょう》ざめですが、そんな心配は不要です。

一般に冷蔵庫というとすぐに家庭用を思い浮かべますが、実際には研究所や医療施設など、さまざまな場所で業務用の冷蔵庫が使用されています。

Phononic の冷蔵庫には、もうひとつ「故障しにくい」という大きなメリットがあります。

元来、冷蔵庫というのは、コンデンサーなどのいわゆる可動部品が、常に動き続けることによって性能を発揮しています。モーターをイメージしてもらえるとわかりやすいのですが、機械というのは「動いている部分」が故障しやすいのです。

一方、半導体の性質を利用しているPhononic の冷蔵庫の場合、可動部品がひとつもありません。これにより**故障のリスクを大幅に下げることができます。**

家庭でも冷蔵庫が故障したら一大事ですが、医療現場や研究施設で冷却装置が故障してしまったら、それこそ人命に関わります。あるいは、膨大な時間とコストをかけてきた研究がすべてダメになってしまうリスクもあります。

そういう意味でも、故障が少ないというのは非常に大きな魅力なのです。

製造コストという壁をどう乗り越えるのか？

Phononic の冷蔵庫は新しいイノベーションなので、課題もあります。

一番の問題は製造コスト。半導体を使うとなれば、どうしても価格の問題が出てきます。Phononic の冷蔵庫は小型のものでも１８００ドル（約20万円）、大型になると６５００ドル（約71万円）とかなり高価格になっています。

Phononic にとって、量産と価格のバランスをとり、ビジネスとしてどのように広げていくか。それが直近の課題でしょう。

とはいえ、従来とはまったく異なるアプローチによって革新をもたらす技術は、大きな期待を感じさせます。まだそのレベルには達していませんが、**旧来の電球や蛍光灯がＬＥＤへ取って代わられたように、あるいは、リチウムイオン電池によってさまざまなモバイルデバイスが普及したように、**Phononic の冷却システムが社会にもっと大きなインパクトを与えるかもしれません。

Impossible Foods《インポッシブル・フーズ》

本社 レッドウッドシティ（カリフォルニア）
創業年 2011年
サービス 植物を使った人工肉製造
事業の着眼点 バイオ技術を用いて、本物に近い次世代人工肉を作る

Impossible Foods のビジネスは非常にわかりやすいもので、**植物由来の素材を使い、本物そっくりの人工肉を作る**というものです。アメリカ人が大好きなハンバーガーのパテの部分が人工肉になっている商品を売り出しています。

もちろん、これまでにも人工肉の開発はさかんに行われており、大豆などを使った植物由来のハンバーグなどは決してめずらしいものではありません。

しかし、Impossible Foods の提供するハンバーグは、代替肉にありがちな白っぽいものではなく、**赤身で、肉汁も滴《したた》るもので、味、食感ともにまさに本物そのもののクオリティ**。写真を見る限り、本物とまったく変わらない見た目です。さらに、2019年1月に発表された新作「Impossible Burger 2.0」では、鉄分やタンパク質の含有量を同量のひき肉と同

じにするなど、もはや「肉と同じ」というレベルを実現しています。

それでいて植物由来のものなので、ユダヤ教徒用のコーシャ認証（ユダヤ教徒が食べてもよいとされる「清浄な食品」の証し）や、イスラム教徒用のハラール認証（イスラム法における「合法なもの」を示すもの）も受けているというあたりは非常にユニークです。

大手ハンバーガーチェーン・バーガーキングには「Whopper（ワッパー）」という、ボリュームたっぷりの人気商品がありますが、Impossible Foods はそのバーガーキングとも提携し、同社の商品を使った「Impossible Whopper」という商品を販売。全米のバーガーキングで購入可能となっています。

牛肉とほぼ変わらない味、食感、見た目の商品を植物由来で作るというのは、ヘルシーなイメージを与えられるという利点もありますし、ヴィーガンや菜食主義者にもアピールできるというメリットもあります。

世界の温室効果ガスの約20パーセントは畜産関連から

食べる側へのメリットだけでなく、Impossible Foods のホームページでは環境保全への貢献も大きく打ち出しています。

じつは畜産、**特に「牛肉を作る」というのは環境ダメージの大きい産業として知られています。**Impossible Foodsが公開しているデータによれば、従来の牛ひき肉を使用した場合に比べて、Impossible Burgerでは、水の使用量87パーセント減、土地の使用は96パーセント減、温室効果ガスの排出量は89パーセント減、水質汚染物質は92パーセント減になるとのこと。それだけ環境へのダメージを減らせるのです。

カナダの大学の研究チームも「肉牛の生産は温室効果ガスの排出量が高い」ということを発表しており、**世界の温室効果ガスの18パーセントは畜産関連によるもので、なかでも78パーセントが肉牛生産に起因している**といわれています。

Impossible Foodsのように、牛肉を使わず、植物由来に変えるだけで、地球環境保護にも役立つというわけです。余談ながら、「温室効果ガス」というと車の排気ガスをイメージする人もいるかもしれませんが、肉牛生産の話でいえば、輸送時にかかる温室効果ガスの排出量は、肉牛生産全体のわずか5パーセントにしか満たないそうです。

肉牛生産というのは、それだけ環境に負荷をかける事業だということです。

「食の安全」とどう向き合っていくか

さて、こうした新しい食品が誕生する際には、必ず「安全性は大丈夫なのか」という議論になります。「Impossible Burger」も例外ではありません。

「Impossible Burger」の場合、肉独特の風味、食感、色を生み出しているのは「大豆レグヘモグロビン」という植物由来のタンパク質なのですが、そもそも「このタンパク質の安全性は大丈夫なのか」という点が議論の的になっています。

アメリカ食品医薬品局（ＦＤＡ）は「大豆レグヘモグロビン」を色素添加物として認可しているので、一応の安全性は保証されているのですが、非営利組織である食品安全センター（ＣＦＳ）はそれに意義を申し立てるなど、さまざまな議論になっていることは事実です。

やはり、食品に関する新しいテクノロジーの場合は、こうした問題に向き合いながら、理解と認知を広げていくしかありません。ただ、こうした食品イノベーションの流れを止めることはできませんから、Impossible Foods に限らず、さまざまな代替食品が私たちの食卓に並ぶことは当たり前になっていくでしょう。

Synack
シナック

本社	レッドウッドシティ（カリフォルニア）
創業年	2013年
サービス	セキュリティ検査
事業の着眼点	認定ホワイトハッカー約1500名によって脆弱性を診断する

テクノロジー型ディスラプターの最後に、Synackという企業を取り上げましょう。

Synackのビジネスはセキュリティ検査です。

本書では多様な業界破壊企業を取り上げてきましたが、そのすべてが情報技術の恩恵に与っていることはいうまでもありません。さまざまな情報処理や研究開発を行う上で、今やデジタル・テクノロジーなしに、ビジネスも、社会の維持も、個人の生活も成り立ちません。裏を返すと、人類は常にデジタル攻撃を受けるリスクに晒《さら》されており、それは日々増大しているのです。

国防にしろ、インフラにしろ、自治体や企業の情報管理にしろ、個人のプライバシーにしろ、あらゆる面でセキュリティは重要な課題となりました。

そんなセキュリティの領域で事業を展開するのがSynackです。

ハッカーに「あえて攻撃させる」ことで脆弱性を把握する

みなさんは「**ペンテスト**」という言葉を聞いたことがあるでしょうか。「ペネトレーションテスト」の略で、コンピュータやネットワーク上の弱点や問題を発見するためのテストのひとつです。具体的には、ある情報システムやネットワークに対して、あえて疑似攻撃をしかけて、どこに不備や不具合、脆弱性があるのかなどを確認するものです。

通常、こうしたペンテストにおいては、セキュリティ会社の担当者がクライアント（企業や政府など）のシステムに対して行い、その結果をレポートするという形になります。

しかし、Synackでは、**その疑似攻撃を外部にいる約１５００人のホワイトハッカーに行わせるのです。そして、何かしらの問題を見つけた場合は、その重大性や発見の早さに応じて報酬を払うという成果方式を採用**しています。

ハッカーの攻撃に対処するのであれば、実際にハッカーにテストしてもらうのが一番という「餅は餅屋」的発想がユニークなところです。

「そんなことをして、本当に大丈夫なのか」という思いがある一方で「そのペンテストがもっとも信頼できる」という気もします。Synackはそんな絶妙なビジネスモデルを立ち上げたというわけです。

余談ながら、「ハッカー」というと政府や企業のネットワークに侵入して、データを盗んだり、書き換えたりするなど「デジタル犯罪を犯す人」というイメージがあるかもしれませんが、もともとハッカーには**「コンピュータやネットワークにおいて高度な知識や技術を持った人」**という意味しかありません。

つまり、「ハッカー＝犯罪者」ではないのです。

しかし、現代のハッカーには「ネットワーク上で悪さをする人」というイメージがあるので、あえてクリーンなハッカーのことを「ホワイトハッカー」と呼ぶ風潮ができてきました。

Synackでは、そんなホワイトハッカーたちを組織化しているのが最大の特徴であり、疑似攻撃を行うホワイトハッカー集団は「レッドチーム」と呼ばれています。

参加するハッカーの選別には細心の注意を払う

Synackが実施するペンテストは、世界中約60カ国に散らばっている1500人以上のホワイトハッカーから、毎回60～80人が選ばれ、24時間体制で7日間、対象となるネットワークシステムやアプリケーションなどの脆弱性を徹底的に攻撃し、検証します。

通常のペンテストでは、数人の担当者によって行われるのが普通なので、Synackの規模は圧倒的です。最高売上責任者のジム・ハイマンは、「**私たちのサービスは、ペンテストの世界にディスラプション（破壊的創造）をもたらす**」と自信満々に語っています。

それだけインパクトがあるのはたしかですが、ここで重要になるのは、何といってもホワイトハッカーの選別と管理でしょう。

Synackでは常に優れたホワイトハッカーを世界中から探し続けていますが、この「優れた」というところがなかなか難しいところです。

まず、技術的なスキルが高いことは言うまでもありませんが、加えて、二重、三重の身元調査を行い、経歴などのバックグラウンドも厳しくチェックします。さらには、フェイスブック、ツイッターなどＳＮＳでの発言もチェックし、パスポートや社会保障番号の提示も義務づけています。

政府や企業など機密レベルの高いセキュリティチェックを行うのですから、そのくらい厳密に身元を確認するのも当然です。ちなみに**Synackのテストに合格するのは、世界中の先鋭たちのなかでもわずか8パーセント**といわれています。

また、実際に疑似攻撃を行う場合は、Synackが用意した「Hyrda」というテストツールを使用することが義務づけられていて、システムに侵入する際もSynackが設定したアクセスポイントを必ず通らなければならないことになっています。

それによって、Synackはホワイトハッカーたちの動きを常に監視し、クライアント先のデータを盗み出したりすることのないよう細心の注意を払っているのです。

ここがまさにSynackの生命線です。もし参加しているハッカーから犯罪行為が見つかったら、信頼が根底から揺らいでしまうことになります。そういう意味でも非常にユニークで、大胆なビジネスを展開しているといえるでしょう。

アメリカ国防総省やアメリカ国税庁でも導入

Synackのペンテスト・脆弱性検査は、アメリカ国防総省やアメリカ国税庁でも導入されており、そのほか世界の大手金融機関、決済事業者、流通関係企業でも使われるなど、活動のフィールドはまさにグローバルです。

２０１８年には、日本でも仮想通貨が不当に流出し、その被害額は５８０億円という衝撃のニュースがありました。こうした問題は世界中で発生しており、２０１９年の仮想通貨に関する詐欺や盗難の被害額は44億ドル（約４８００億円）にのぼるともいわれています。

世界がデジタルツールでつながっている現代にあって、サイバーセキュリティは必要不可欠であり、もっとも重要な領域のひとつであることは間違いありません。

ディスラプターとして業界にインパクトを与え続けているSynackは、今後もますます注目していきたい企業です。

第5章——起業は、小さく始める、かしこく学ぶ

これまで本書では業界を破壊するディスラプターを、「プラットフォーム型」「ビジネスモデル型」「テクノロジー型」という三つに分けて検証してきました。それぞれの業界には固有の事情やビジネス環境があり、個々の企業にもさまざまな考え方、着想、戦略があることが理解いただけたのではないでしょうか。

そうした「違い」を見るのも非常に興味深いものでしたが、一方で、これらのディスラプターを俯瞰的に見ていくと、いくつかの共通点があり、そこから学ぶべきポイントを見出すこともできます。

今という時代において、業界を破壊するほどのインパクトを持つ企業にはいったいどのような共通点があるのか。この章では、三つの問いからキーワードを抽出しました。

Q1　業界破壊をリードしている主役は誰か？　↓　ミレニアル

Q2　新しい時代の、ビジネスの価値基準とは？　↓　サステナブル

Q3　イノベーション、成功の方程式とは？　↓　リーンスタートアップ

この三つの視点から、業界破壊企業におけるイノベーションのトレンド分析を行い、私たちが学ぶべきエッセンスについて考察していきたいと思います。

創業者の4割以上が、ミレニアル世代という衝撃

いつの時代も、古い文化を打破する革新は、新しい世代が持ち込みます。はじめに、続々と生まれてくる「破壊的なイノベーション」の主役について考えてみましょう。

「２０１９年度ディスラプター50」に登場する、世界でもトップクラスのスタートアップ50社はどのような人物が創業したのか、共同創業者も含めて調査してみると、興味深いことがわかりました。

創業者（共同創業者）１１８名のうち、なんと48名（41パーセント）は、１９８１年以降に生まれた「ミレニアル世代」だったのです。

政治の世界では、未だにベビーブーマー世代が岩盤のように実権を握っており、「オーケー、ブーマー」という嘆きの言葉が世界的なブームになりましたが、経済における主役は、すでにミレニアル世代にシフトしつつあるということです。

２０２０年の米国においては、全人口3億２８００万人のうちミレニアル世代は1億７３

図表４　2020年 日本の人口ピラミッドと世代名称

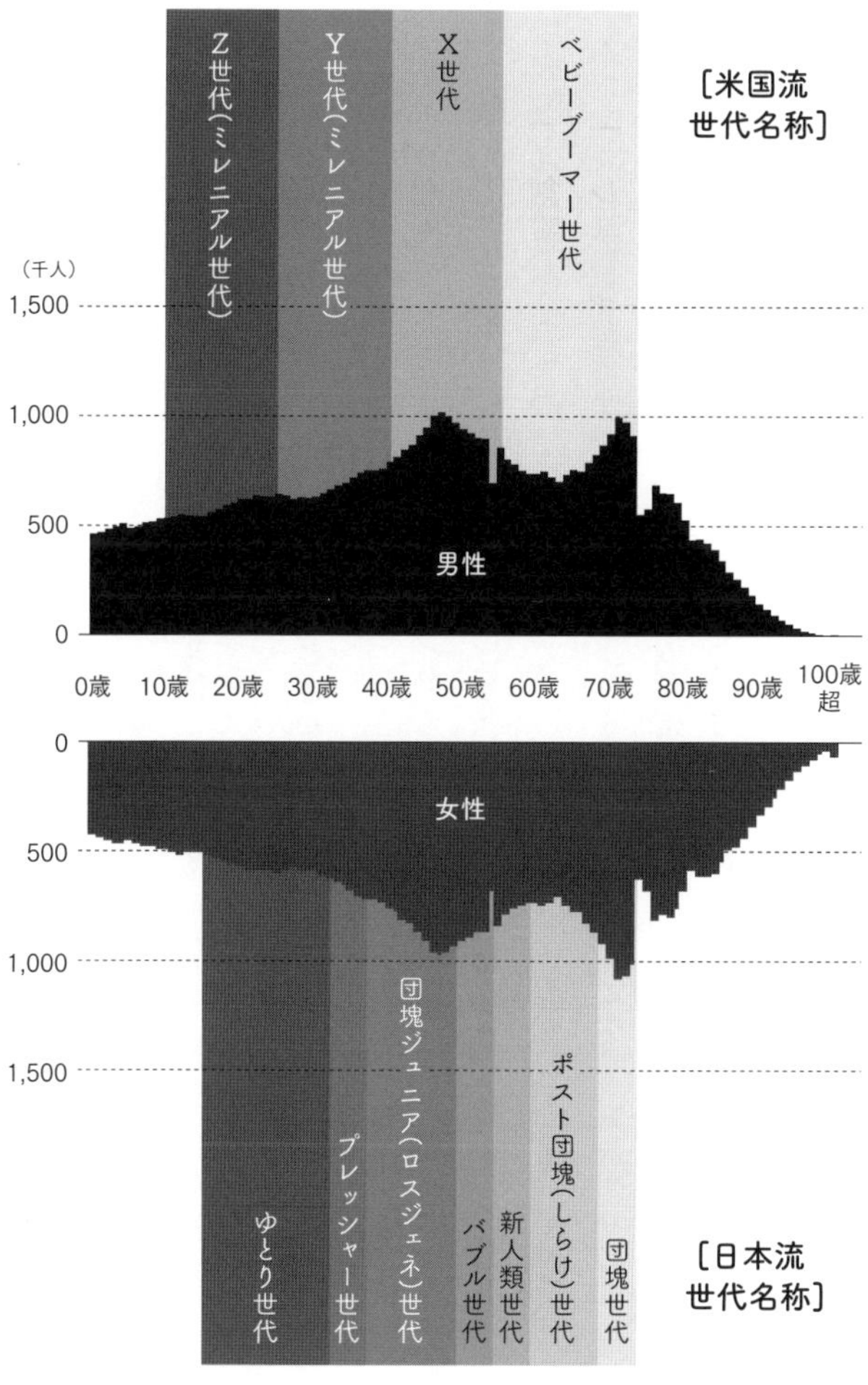

００万人、人口比で53パーセントと過半数を超えており、消費人口を考えても、企業の多くがミレニアル世代を強く意識したビジネスを展開していることは間違いありません。

参考までに２０２０年の日本を見てみると、全人口１億２６００万人のうちミレニアル世代は４７００万人、人口比で37パーセント。米国よりかなり高齢化が進んでいるのがわかります。

ミレニアル世代最大の特徴は、**物心ついたときからデジタル文化を身近に感じながら育ってきた「デジタルネイティブ」**であることです。

また、この世代をさらに分解すると、**「インターネットや携帯電話とともに育ったＹ世代（１９８１年～１９９５年）」**と、さらに進化して**「スマホやＳＮＳとともに育ったＺ世代（１９９６年～２０１０年）」**に分類できます。

テクノロジーの急激な進化は、人々のつながりを深め、リベラルで多様性を大切にする若者を生み出しました。ＳＮＳからリアルタイムに情報をキャッチし、自らもＳＮＳで情報を発信する。他者とのつながりや共感を大切にする。価値観の押しつけを嫌う。環境保護や社会貢献意識が強い。モノよりコト。お金より時間。多機能よりシンプル。高価なブランド品よりも自分自身にフィットしたオンリーワン。そのような価値観や行動様式を持つ世代です。

彼らのコミュニケーションスタイル、ライフスタイル、さらには購買行動や価値観などを、多くの業界破壊企業は強く意識しています。

ミレニアル世代を意識したCasperの戦略

たとえば、本書１０５ページでも紹介したCasperは、５名の共同経営者すべてがミレニアル世代なので、その世代の消費志向を熟知しており、見事にサービスに活かしています。

彼らが求めているのは、高級品や複雑な品揃えではなく「ぐっすり眠る」という経験です。そのために「心地よい眠り」を徹底的に研究し、シンプルに１種類のマットレスを開発しました。

しかも販売はオンラインだけ。一昔前の感覚でいえば「実際に、触って、寝てみなければわからないよ」というのが当たり前かもしれません。その点は「１００日間のトライアルで、気に入らなければすぐに返品できる」サービスでカバーし、すぐに購入できる利便性を重視したのです。ＳＮＳなどを通じた消費者同士の情報交換が、オンラインショッピングのハードルを引き下げていることもあるでしょう。

先にも述べましたが、Casperのフェイスブックのフォロワーは65万人を超え、多くのフォロワーがレビューを書き、消費者同士が活発にコミュニケーションをしています。ほぼすべてのコメントや質問にはCasper自身が返答して「顧客とのつながり」を醸成しており、結果的にＳＮＳのコメント欄がそのまま商品説明やＰＲの役割を担うようになっています。また、インスタやツイッターもフォロワーは10万人を超えており、ＳＮＳごとの特徴を活かしたコミュニケーションを丁寧に行っています。

「売ったら終わり」ではなく、ＳＮＳなどを通じて、ユーザーとつながり続けるのもCasperの特徴であり、ミレニアル世代の強みではないでしょうか。これこそ、お店で展示・販売する旧来のマットレス販売業者とは大きく異なるところです。

暴力でもなく、富でもなく、知識でもなく

ミレニアル世代は、インターネット上でさまざまな情報交換を当たり前のように行っており、多くの人々と情報や感情をシェアし、ときに行動をともにします。

ＳＮＳにおけるキーワードは「共感」です。今や、ビジネスを構築する上で「共感」は

もっとも大切にすべきテーマとなってきました。

アメリカの未来学者、アルビン・トフラー氏は著書『パワーシフト』（中公文庫）のなかで、「人類の進化とともに、パワーの源泉が変わってきた」と述べています。

古くは「暴力」が、唯一のパワーの源泉でした。暴力（あるいは暴力に裏打ちされた権力、司法力）を持っていることで、人々を動かし、強力な影響力を発揮できた時代がありました。

しかし、産業革命によって新しいパワーの源泉が生まれました。それは「富」です。お金で暴力も買えるようになり、富は暴力を上回るパワーの源泉となりました。

さらに、情報革命によって「知識」が第三のパワーの源泉となりました。知識や情報があれば、お金を生むことができ、影響力を行使することもできます。

つまり「暴力→富→知識」というパワーシフトが起こったことを、トフラー氏は説いたのです。

しかし、トフラー氏が『パワーシフト』を著した１９９０年から、さらに時は流れました。

グーグルの登場により、世界中の人が、インターネット上にある情報や知識にアクセスすることができるようになり、**知識の価値が相対的に低下した**のです。

一方で、ＳＮＳで人々が深くつながった世界が登場し、新しいパワーの源泉が登場してきました。

それが**人々の気持ち、集団的な感情を誘起する「共感」のチカラ**です。

政治においても、経済においても、透明な時代のなかで情報を隠蔽することが困難になるとともに、人々のつながりが可視化されたことで「共感」されることの重要性が増してきたのです。**このパラダイムシフトを、私は「ソーシャルシフト」と呼んでいます。**

ここではミレニアル世代の特徴として語っていますが、これは、もはや世代を超えた大きな潮流といえるでしょう。

「共感」こそがもっとも大切なビジネスリソースとなる

人々の「共感」を見事にビジネスに活かしたのは、１０２ページで取り上げたThinxです。ナプキン不要の生理用ショーツを開発、販売し、センセーショナルな広告戦略でも話題になった企業です。

もともとThinxはクラウドファンディングによって資金を集めたり、ファンを獲得したりしてきたのですが、目標額5万ドルのところ6万５０００ドルの資金を集めることに成功しています。

クラウドファンディングというしくみ自体「共感した人がお金を出してくる」というものなので、まさに新しいパワーシフトを象徴しています。

Thinx の場合、クラウドファンディングでもっともウケたのが「生理のあるある」に関する、ユーモア溢れる動画でした。生理中の女性には「どんな苦労や苦悩があるのか」「それを解消してくれる下着が全然ない！」などの現実をユーモラスに描き出し、さらには新しい商品を生み出していくプロセスもオープンにすることで、多くの女性たちの共感を得ました。

それだけでなく、Thinx は途上国における生理用品の不足、生理の貧困などの問題にも高い意識を持っており「それが創業のきっかけとなった」というメッセージも併せて発信しています。

こうした**社会的意義や社会貢献も多くの共感を呼び、それが結果として、企業を支えてくれる存在、ファンを増やしていく要因となっています。**

ちなみに、Thinx の創始者 ミキ・アグラワル氏は、起業家のみならず、フェミニストやビジョナリストとしても活躍しており、社内での不思議な行動をメディアに書き立てられたこともありましたが、ひるむことなく、次なる一手「洗浄便座のスタートアップ」を創業。さらに同時期に妊娠と出産も経験するなど、彼女の大胆かつパワフルな行動は、常に世間の注目を集めています。

ミレニアル世代のライフスタイルがマーケットを変える

ミレニアルのライフスタイルの変化も、ビジネスに大きな影響を与えています。たとえば「自炊をしなくなり、オンラインで注文する」という傾向が強くなっていること。DoorDash（64ページ）やUberEatsといったフードデリバリー企業を本書でも取り上げましたが、２０１８年にＵＢＳグループ（スイス最大の銀行グループ）の調査レポートによると、ミレニアル世代はその親たちに比べ、3倍もオンライン注文をしているという結果が出ています。

彼らは「自分の趣味や興味に時間を費やしたい」という意向を持っており、「自分で料理する」という習慣はどんどんなくなるだろうと同レポートは指摘しています。

レポートが発信された２０１８年当時で、オンラインのフードデリバリーサービスは３５

０億ドル（約３兆８５００億円）規模ですが、２０３０年にはさらにその10倍に膨れあがると予測されており、極めて巨大なマーケットが生まれてきます。

アメリカで人気のメキシカン・ファストフードチェーン「チポトレ」はDoorDashと契約したことにより、デリバリーの売上げが６６７％も急上昇したと発表しました。この数字は「配達するシステムさえ整えば、デリバリーの売上げは飛躍的にアップする」ということを実証しています。

フードデリバリー以外でも、本書で取り上げたＰ２ＰレンディングのSoFi（57ページ）、オンライン授業のUdacityやCoursera（79ページ）、女性向け投資支援のEllevest（95ページ）、手数料なし株式投資のRobinhood（１１１ページ）、人工肉のImpossible Foods（１４４ページ）などは、明らかにミレニアル世代の意識やライフスタイルの変化を意識した製品サービス設計をしており、今後、この傾向はさらに強まっていくでしょう。

「サステナブル」がイノベーションを生み出す

ここで、ミレニアル世代の価値観変容のなかでも、もっとも広範囲に影響を与えるものとして**「サステナブル」**を取り上げておきましょう。

「持続可能な」「ずっと続けていける」というこのキーワードに対しては、新しい世代ほど高い関心を持っています。若い世代にとって、地球が壊れていくことは、まさに「自分ごと」だからです。「国連気候行動サミット２０１９」で演説したスウェーデンの少女グレタ・トゥーンベリさんの言葉は、ミレニアル世代の危機意識の象徴となりました。

国連が主導したＳＤＧｓの影響もあり、今や、サステナブルは世界中の企業の合い言葉のようになり始めています。本書で取り上げたテクノロジー型の業界破壊企業は、まさにその流れをリードする存在で、地球環境保護、エネルギー問題などのサステナブルな要素と密接に結びついています。

たとえば、１３０ページで取り上げたLanzaTechの「排気ガスをエタノールに変えて再利用する」という事業は、ビジネスそのものが完全にサステナブルを意識したものになっています。

彼らは**「カーボンスマート」というスローガンを掲げていて、カーボン（炭素）を循環的に利用する社会の実現**を目指しています。

彼らが非常にユニークなのは「ゼロから何かを生み出す」という企業ではなく、「排気ガスから、別のエネルギーや資源を生み出す」という循環イノベーションを事業とすることで、環境問題に貢献しようとしている点です。

たとえば、ある製鉄所が軽くて丈夫な鉄製品を作り、それが航空機の機体の一部となる。LanzaTech はそのような既存のビジネスプロセスに入り込んで、製鉄所から出る排気ガスを利用してエタノールを作り、新たに「バイオジェット」と呼ばれる航空機の燃料を作り出します。

あるいは、エタノールは合成繊維やプラスチック、ゴムなどにも加工できるので、航空機の別の部分の素材として利用することもできます。

既存のサイクルをそのままに、無理なくサステナブルを実現しているのが LanzaTech の特徴なのです。

共感を集めるためにも「サステナブル」が欠かせない

125ページで取り上げた Indigo Ag も自身のホームページで、**「自然微生物学とデジタル技術によって『生産者の収益性』『環境の持続可能性』『消費者の**

健康』を改善する」

とはっきり宣言しています。

彼らが力を入れている活動に「テラトン・イニシアチヴ」というものがあって、これは「1兆トン」すなわち「1テラトン」の二酸化炭素をカットするというチャレンジです。

前述した通り、Indigo Agは農業に関する総合テクノロジー企業なので、広大な農場の土壌を改善し、炭素量をコントロールすることで、大気中の1テラトンの二酸化炭素を減らすという目標を持って活動しているのです。

その一方で、同じく第４章で取り上げたApeel Sciences（１３４ページ）やImpossible Foods（１４４ページ）は「自分たちの商品を選ぶこと」こそがサステナブルな活動の一環であり、地球環境保護に寄与するというメッセージを強く打ち出しています。

Apeel Sciencesの場合、「野菜や果物をコーティングすることで長持ちさせる」というテクノロジーをウリにしているわけですが、たとえば、**彼らのアボカドを選択するだけで、食品ロスが減り、結果として23リットルの水を節約できたり、スマートフォン9回分の充電エネルギーの節約になると説明**しています。つまり選択消費がサステナブルな活動というわけです。

Impossible Foodsにおいても同様、食肉生産のために「森林が伐採され、牧草地になることで、より炭素の放出量が増え、生物の多様性は損なわれる」ことを指摘しています。テニスプレイヤーのセレナ・ウィリアムズはImpossible Foodsにも投資しており、「植物ベースの食事は、私と環境の両方にとってより健康的になる」とコメントしています。

今や、「サステナブル」は全人類が共有しているミッションであり、特に『ミレニアル世代』は厳しい目で企業や商品の選別を始めています。

大胆にサステナブルな事業への転換を打ち出し、人々の共感を得ることは、企業としての生き残りをかけた選択といえるのではないでしょうか。

「リーンスタートアップ」＝無駄を省いて起業する

さて、最後のキーワードは「リーンスタートアップ」。ディスラプターを続々と生み出している、新しい成功の方程式について解説したいと思います。

リーンスタートアップとは、アメリカの起業家エリック・リース氏が２００８年に提唱した新規事業のマネジメント手法のことです。そもそも「リーン」とは「ムダのない」という意味、「スタートアップ」は「起業や新規事業の立ち上げ」を指します。直訳すると、リーンスタートアップとは「ムダを省いた起業の手法」ということになります。

アメリカの起業家養成スクール「Ｙコンビネーター」の創業者、ポール・グレアム氏によれば、スタートアップの成功（ここでの成功の定義は時価総額40億円を超えること）は7パーセントしかなく、ましてやユニコーン（時価総額で１０００億円を超えること）のように大化けする確率は０・３パーセントほどしかないとのこと。いわゆる「センミツ」という言葉通り、新しい事業を大きく成長させるのはとても難しいことなのです。

そんな困難なミッションにおいて、どのようにムダを省いて成功確率を高めることができるのか。リーンスタートアップという手法から、その構造を紐解いていきましょう。

スタートアップには、次の五つのステージがあります（**次ページ図表5**参照）。

ステージ①　課題解決フィット（ＰＳＦ：Problem Solution Fit）
ステージ②　最小機能製品
ステージ③　製品市場フィット（ＰＭＦ：Product Market Fit）

図表５　スタートアップの五つのステージ

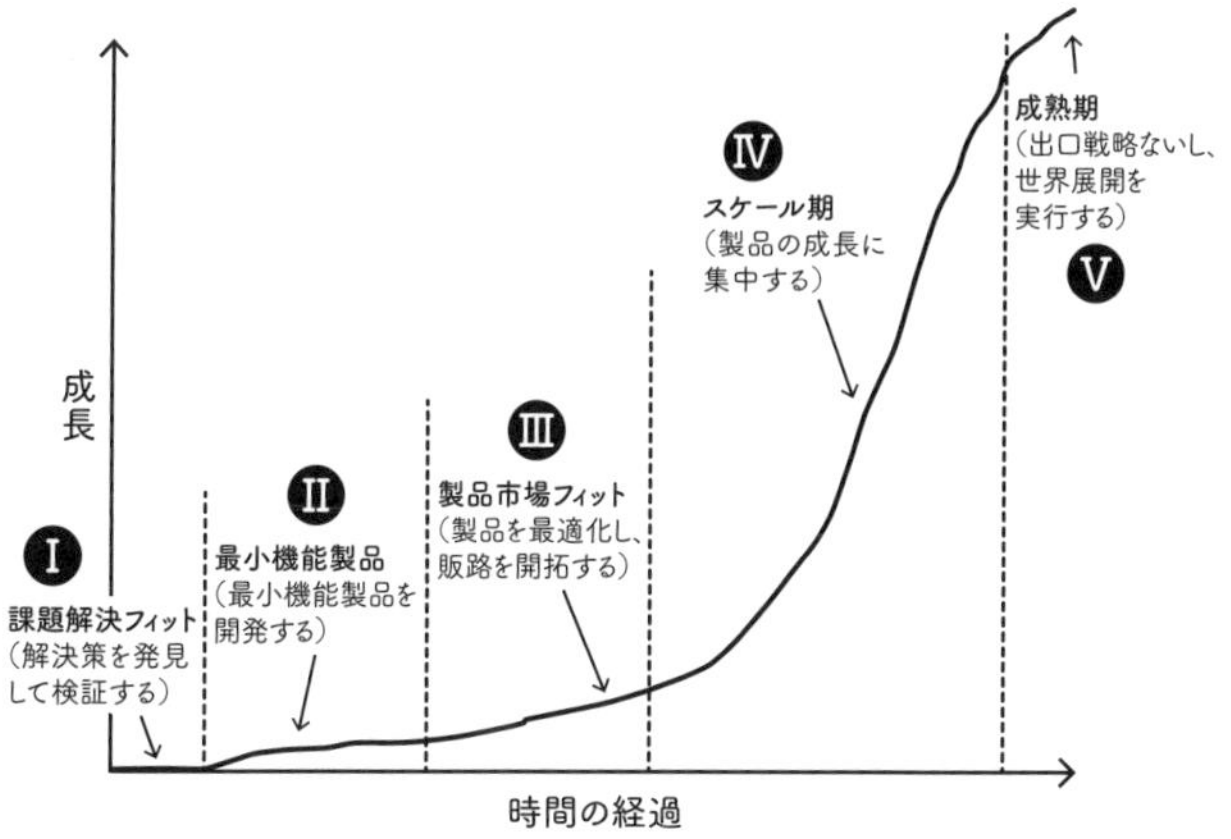

ステージ④　スケール期

ステージ⑤　成熟期

ステージ①の「課題解決フィット」（ＰＳＦ）とは、世の中にある課題を見つけ、それを解決するための商品やサービスのアイデアを生み出すフェーズです。

たとえば、本書の61ページでも、「トラック版Uber」としてConvoyという企業を取り上げました。彼らは物流業界の悩み「トラック輸送において、片道の荷台が空になっていることが多い」という課題を見つけ、同時に、流通業界の人たちは「常に運んでくれるトラックを探している」という課題を持っていることも発見しました。

「このマッチングをうまくやれば、両社の課題が解決するのではないか」というのがConvoyのビジネスアイデアです。

この「課題解決フィット」をさらに詳しく説明すると、企画した解決策のプロトタイプを制作し、ユーザーインタビューを通じて、その解決策が課題とジャストフィットしていることを確認する段階のことです。

ここでいう**プロトタイプとは、ユーザーが「機能をはっきりと想像できる試作品」**のこと。製品やサービスがあたかも存在しているようなイメージで制作した簡単なウェブサイトやパンフレット、動画などのこと。「使えなくても想像できればいい」という点がポイントです。

そのプロトタイプを複数のユーザーに見せて、必要最小限の機能と支払い可能な価格を直接ヒアリング。課題と解決策が完全にフィットするまで、そのプロトタイプを改善し続けます。

つまり、ステージ①の「課題解決フィット」は、あくまでインタビューベースですが、「仮説・検証されたビジネスアイデア」を発見したことを意味します。

今までの起業プロセスでは、競合他社に先行されないよう、この段階で「一刻も早くアイデアをカタチにして、誰よりも早く市場に出す」という方針のもとで開発に入り、「完成したら、メディアにリリースする」というステップをとってきました。

たとえば、Convoyのような「トラック輸送のマッチングビジネス」であれば、全米で使用できる汎用性の高いシステムを作り上げ、多くの地域、物流事業者、トラック輸送の関係者などを巻き込み、広報と宣伝を織り交ぜながら知名度を高めていくという展開です。

しかし、これには莫大なお金と時間がかかります。そして何より、一発で完璧なビジネスモデルやシステムツールを完成させるのは不可能に近いチャレンジなのです。多くの場合は「市場に出してはみたものの、利用者の満足を得られず、継続して利用してくれる顧客を見つけられなかった」となります。

すると当然、変更や修正を余儀なくされるのですが、すでに規模が大きいので、これにまた膨大なお金と時間がかかり、新事業に投入するお金と時間のロスがどんどん大きくなっていきます。

今までの方法だと、多くの場合、製品完成まで、少なくとも3回ほどのバージョンアップが必要でした。たとえば、マイクロソフトはウィンドウズ1.0を１９８５年に発売、その後、１９８７年に発売したウィンドウズ2.0を経て、１９９０年に発売したウィンドウズ3.0でようやく世の中に受け入れられ始めました。また、アップルのｉＰｈｏｎｅも、初代ｉＰｈｏｎ ｅ（２００７年）、２代目のｉＰｈｏｎｅ３Ｇ（２００８年）を経て、ｉＰｈｏｎｅ３ＧＳ（２００９年）で一般の人々が購入したくなる製品になりました。マイクロソフトやアップルのようなエクセレントカンパニーであっても、製品と市場がフィットして販売数が急激に伸びるまでには経験とフィードバックが必要で、その間の投資は極めて巨額になっていたのです。

そんな「大ばくち」のようなビジネスプロセスはやめて、初期の段階で小さな仮説・検証を繰り返し、何度も方向転換して、うまくいくことがわかってから大きく展開する。

つまり、**小さく、早く、安く失敗し、そこから徹底的に学ぶこと**。

この考え方が、リーンスタートアップの基本です。

お金をかけず「小さな仮説・検証」を繰り返す

ステージ②の「最小機能製品」というのは、文字通り、必要最低限の機能だけを持たせた試験的な製品を作ってみるというフェーズです。

プロトタイプと最小機能製品はどう違うのか。

プロトタイプは「ユーザーが機能を想像できればよい」のに対して、最小機能製品は「ユーザーが機能を体験できる」ものであることがポイントです。

そして、続く**ステージ③の「製品市場フィット」（ＰＭＦ）とは、「最小機能を持った商品やサービス」を限定的に市場に出し、利用者のフィードバックをもとに、市場が受け入れる製品になるまで何度も改善を繰り返すフェーズ**です。

先述の「トラック輸送のマッチング」であれば、とにかく、まずはすぐに無料で運用できるウェブサイトを作り、メールや電話を使って、人力でマッチング作業をする。それもごく限られた地域だけで。たとえば、トラックを2、3台所有している小さな運送会社と契約して、顧客も知り合いやＳＮＳの友人にお願いして探し出し、試験的に使ってもらうことから始めるのです。

ポイントはマッチングした両者から徹底的にフィードバックをもらい、それをもとに改善を重ねること。方向転換（ピボットといいます）も恐れる必要はありません。

ステージ③「製品市場フィット」をクリアする目安として使われているものに「**ショーン・エリスのテスト」と呼ばれる有名な質問**があります。

これは、最小機能製品を体験したユーザーに**「この製品が使えなくなったらどう思います**

か」と質問して「①非常に残念」「②少し残念」「③残念ではない」「④使ってない」の４種類から回答を選んでもらい、回答①（非常に残念）が４割を超えるかどうかで可否を判断するというものです。

まだ本格的に市場に投入する前に、**継続的な利用を熱望する「熱狂的なユーザー」**を４割も作るというのはかなりハードルが高いことですが、ここがリーンスタートアップでもっとも大切なプロセスです。

では「熱狂的なユーザー」を作るには、何がキーとなるのでしょう？

ひとつだけ挙げるとすると、それは**「アハ・モーメント」**です。

「愛が成長を生む。その逆はありえない」（Airbnb グロースチーム）

「愛を生むには、アハ・モーメントが必要だ」（ショーン・エリス）

「アハ・モーメント」とは、**その製品サービスの価値がユーザーに刺さる瞬間**のこと。何のための製品で、なぜ必要で、どのように役立つのかという中核的な価値を、ユーザーが心から感じる瞬間のことです。ユーザーが「アハ・モーメント」を感じると、自然とテンションがあがり、ブランドに愛着を感じるとともに、思わず友人に共有したくなるのです。

最小機能の製品でも、その設計が的確であれば「アハ・モーメント」は生まれます。「熱狂的なユーザー」が4割を超えるまで、早く、安く、的確にユーザーから学び続けること。このプロセスを経ることで、本格的に投資する前の段階で、事業の成功確率を飛躍的に高めることができるのです。

本書で紹介したディスラプターの多くは、このリーンスタートアップのプロセスを活用しており、本格的に市場に参入する前に、このステージ③「製品市場フィット」に達しています。

たとえば、「家のリフォームをしたい人」と「専門業者」をマッチングするHouzz（53ページ）でも、最初は創業者夫婦と、その子どもの学校の親たちなど数十組しか利用者はおらず、リフォームの専門家も数名しかいないところから始めています。個人サイトと変わらないレベル感で、規模も、地域も非常に小さなところからのスタートです。

卒業生が母校の学生に融資するSoFi（57ページ）も同様、まずはスタンフォード大学という自分たちのフィールド内で始めて、それがうまくいったのでさまざまな大学へと広げていったという流れです。

このように、何百億ドルという事業規模に成長した企業でも、今はリーンスタートアップの考え方に則して開発するケースが増えています。小さく始めて、素早く仮説・検証を繰り返すという成功の方程式を活用して、飛躍の基礎を作ったのです。

最初は「とりあえず始めてみた」というノリでいい

スタートアップの手法が洗練され、成功確率を高めた背景には「初期段階でコストがかからなくなった」というビジネス環境も大きく寄与しています。**インターネットやＳＮＳの爆発的な普及により、起業するためのコストが劇的に下がった**のです。

ネット上に何かしらのプラットフォームを作り、そこに人を呼び込んでビジネスをしようとする場合でも、プラットフォーム自体を立ち上げるのに必要なお金はわずかなものです。

だからこそ、とりあえずやってみて「どのくらいの人が集まるのか」「どんな問題が発生するのか」「実際、どのくらい使用されるのか」「どんなところに真のニーズがあるのか」などを検証することができるわけです。

ひとつのお手本を紹介しましょう。フードデリバリーのマッチングをするDoorDash（64

ページ）の起業ストーリーです。

まず彼らは「シリコンバレーでレストランのデリバリーを代行でやったら、けっこうニーズがあるのではないか」というシンプルなアイデアを思いつきます。

思いついたらすぐ実行というわけで、その数時間後には、彼らは簡単なウェブサイトを作ってしまいます。今や、ウェブビルダーを使えば、誰でも簡単に、しかも無料でサイトを作れてしまうのです。

もちろん、立派なサイトではありません。大学のまわりにあるレストランをいくつかピックアップして、そのメニューをＰＤＦにしてサイトにアップし、自分たちの電話番号を載せただけの極めてシンプルなものでした。

しかし、現代のネット社会はおもしろいもので、その日のうちに注文の電話がかかってきてしまいます。

むしろ慌《あわ》てたのは彼らの方です。まだ何の体制もできていないので、注文のあったタイ料理店に自分たちで買いに行き、それを自分たちで届けた、というところからサービスが始まりました。

ところが、予想に反して、翌日も、さらにその翌日も、注文は次第に増えてきたのです。

まさに大学生の遊びのような感覚ですが、ここでのポイントは**「とにかく必要最小限で、とりあえずやってみた」**というところに尽きます。彼らにしてみれば、「こんな必要最小限のページでも、毎日注文が入ってくるのだから、きっとニーズがあるに違いない」と思ったわけです。

リーンスタートアップのフェーズでいうなら、**ステージ②の「最小機能製品」をリリースしてみて、ステージ③の「製品市場フィット」に向けたステップに入ったところ**です。

彼らがかしこいのは、すべての届けた顧客に丁寧に質問を繰り返して、サービスの改善を続けたことです。

クレジットカードを使えるようにする。大学の友人たちに声をかけて配達してくれる人を増やす。既存のアプリを使ってドライバーの位置を確認できるようにする――。

お金をかけずに、誰でも使えるアプリケーションやテクノロジーを使って、少しずつサービスを整備していったのです。

共感してもらえるチーム、共感してもらえるサービスであれば、宣伝広告もSNSでこと足ります。それ以上に、サービスがステージ③「製品市場フィット」に近づくとユーザーのクチコミで、顧客は自然に増加していきます。**ほとんどお金をかけることなく、何千人、何**

万人、何十万人にも素晴らしい顧客体験を届けることが可能な時代なのです。

ショーン・エリスのテストをクリアすると、そのサービスが持つ成長エンジンを三つのいずれか見極めて、さらにサービスを磨き続けます。

① 粘着型エンジン（ユーザー定着率は十分に高いか？）

② ウイルス型エンジン（顧客推奨率は十分に高いか？）

③ 支出型エンジン（顧客生涯価値は十分に高いか？）

この**ステージ③「製品市場フィット」（ＰＭＦ）**は、今やシリコンバレーをはじめとする世界の起業家の間では常識になりつつあり、彼らとの会話ではＰＭＦという言葉が飛び交います。

では、このＰＭＦを達成できたことはどう測定すればいいのでしょう。じつはそれにはあまり悩むことはないと、スタートアップ分野で大きな影響力を持つマーク・アンドリーセン氏は語ります。

「ＰＭＦに達していないのはすぐわかる。ユーザーは製品に価値を感じていないし、クチコ

ミも広がらない。利用者数も成長しないし、メディアのレビューもあいまいだ。営業サイクルは長いし、案件はなかなかクローズしない。

ＰＭＦに達したことも、すぐわかる。ユーザーは製品ができたとたんに購入し、サーバーは悲鳴をあげ、銀行口座は売上げで溢れるようになる。営業やカスタマーサービスの採用が追いつかず、会社の評判を聞いたメディアからの電話も鳴り止まない」

(https://pmarchive.com/guide_to_startups_part4.html)

まさに経験者しか語れない言葉ですね。私も、自分自身の起業でＰＭＦを超えた経験があり、この感覚はよくわかります。

しかしながら、**一般のビジネスプロセスでは、この感覚が得られる前に、本格的な製品サービスを作り、本格的なマーケティングを始めてしまいます。**スタートアップの世界でも、このＰＭＦに達するのは１～２割だといわれており、リーンスタートアップで「もっとも大切なポイント」といえるでしょう。

投資家たちが熱狂した「ドットコムバブル」と、その時代

さて、小さな仮説・検証を繰り返し、ステージ③「製品市場フィット」の段階をクリアすると、いよいよ**ステージ④の「スケール期」**に入っていきます。**一気にお金を投入して、ビジネスをスケールアップさせる段階**です。

本書で取り上げた企業は、スケール期を迎えることで業界を破壊するほどのインパクトを持ち始めたのです。

ただし、この段階に入ってくると、個々の企業のビジネス戦略というだけでなく、投資家たちの思惑が大きく関わってくることを忘れてはなりません。

イノベーションで業界を破壊する「スタートアップの物語」は、じつは起業家たちだけのものではなく、投資家たちの存在が（良くも悪くも）大きく影響してくるのです。

ここでは時計の針を少し戻して、バブルの時代から現代に到るまでのベンチャー投資の流れを簡単に振り返っておきたいと思います。

一言で「投資」といっても、投資家たちのやり方も、少しずつ変化し、時代とともに洗練されてきているからです。

ベンチャー業界における最大のバブルは、**１９９８年から２０００年にかけての「ドットコムバブル」「ＩＴバブル」**と呼ばれるもので、インターネット関連企業の株価は、事業内容とは関係なく、空前の値上がりを見せました。

この時代、投資家たちには「インターネットに対する幻想」ともいうべき熱狂がありました。考えてみれば当たり前ですね。今、インターネットのない生活は考えられないほど、私たちの生活の隅々《すみずみ》にまで浸透しています。しかし、それをゼロから予想するのは、神様でもない限り不可能だったからです。

「インターネット」という恐るべきテクノロジーが、いったいどれほどの業界インパクトを持つのか、どれぐらい世界を変えていくのか。インターネット楽観派による大規模な投資が、このバブルの起点となりました。インターネットに関連する企業なら「どこでもいいから、とにかく出資したい」という投資家が数多く出現し、ビジネスアイデアを持つ若い起業家たちからは「プレゼン資料さえ作れば、必ず資金が集まってくる」とまで言われていました。

実際、多くの投資家たちは「資料に書かれている用語の意味」すらわからないまま、巨額の投資をしていたのです。

この時代には「リーンスタートアップ」のような考え方は存在せず、莫大なお金を集め、新しいテクノロジーを使って、新しいビジネスにチャレンジする。赤字も大いに歓迎する。そんな感覚が当たり前でした。**この「ドットコムバブル」の熱狂から生まれた、もっとも有名な会社がアマゾンです。**

余談ながら、この時期には私も携帯インターネットのビジネスを立ち上げ、世界的な投資企業から約30億円の資金を調達し、未上場ながら１００億円を超えるベンチャーの創業者となりました。私自身の経験からもいえることは、この時代には「とにかくお金が集まった」ということ。会社の前に投資家の行列ができる感覚でした。

しかし、そんな熱狂の時代がいつまでも続くはずはなく、**２０００年から２００１年にかけてバブルは崩壊**します。日本での投資の主役となっていたソフトバンクや光通信の株価は暴落し、１パーセントを切るまで下落しました。

信じられますか？　上場企業の時価総額が１００分の１になったのです。

私自身もそれが原因で、創業者でありながら会社を追放され、自社株式の購入資金３億円を借りた銀行と、２年にわたる裁判に突入していくことになりました。とても大きな、人生のターニングポイントでした。

この冬の時期、ベンチャーの創業者も投資家も、この失敗経験をもとにして進化してゆきます。復活を果たした投資家は、ドットコムバブルのときよりもかなり洗練された評価手法を身につけていました。

ところが、**２００８年のリーマン・ショックを機に、またもや世界的なバブル崩壊が起きます**。このとき私は新しいベンチャーを創業していましたが、再び倒産の危機を経験しました。

まさに厳冬期の到来です。しかし、百年に一度といわれる大波を受けながらも、しぶとく生き残った起業家や投資家は、**新たに「リーンスタートアップ」という成功の方程式を得ることで息を吹き返し、現在のスタートアップ全盛期に到る**のです。

今や、多くの投資家は「ＰＭＦ」（製品市場フィット）を投資基準にしています。

このように、多くの失敗と学びの経験を経て、起業家も投資家も、起業の方法や投資に対する考え方を少しずつ洗練させ、新しい時代のエコシステムができあがってゆくのです。

世界の投資をリードする孫正義というキーパーソン

スタートアップのライフサイクルに話を戻しましょう。

ステージ①　課題解決フィット（PSF）
ステージ②　最小機能製品
ステージ③　製品市場フィット（PMF）
ステージ④　スケール期
ステージ⑤　成熟期

リーンスタートアップの場合、ステージ①からステージ③まではほとんどお金をかけません。ステージ③の「製品市場フィット」を超えて「このビジネスはイケそうだ！」ということがわかったあたりから、急に巨大なお金が動き出し、ステージ④の「スケール期」へと入っていきます。

投資家にしてみればじつに妥当な話で、イノベーティブなビジネスアイデアが一応の形になり、規模が小さいとはいえ、市場での仮説・検証を経ているのですから、まさに「絶好の投資のしどころ」だといえるでしょう。

乱暴な言い方をすれば、**このタイミングにおける投資家たちは、起業家が必要とする金額以上のお金を注ぎ込んででも「そのビジネスを一気に加速させたい」という思いが強くなる**のです。

世界の投資をリードしている、ソフトバンクの孫正義氏の例を挙げましょう。

ソフトバンクグループは、今や世界を代表する投資会社のひとつで、２０１７年に「ソフトバンク・ビジョン・ファンド」を立ち上げてから、そのイメージはさらに色濃くなりました。

ソフトバンク・ビジョン・ファンドには、サウジアラビアのムハンマド・ビン・サルマーン副皇太子ら、世界的な投資家が参加しており、集まったお金は総額１０００億ドル（約11兆円）ともいわれ、評価額10億ドル以上の非上場企業、いわゆるユニコーンを中心に世界80社以上に投資をしています。

本書で取り上げたSoFi、Uber、DoorDash などをはじめ、中古不動産売買の OpenDoor、コワーキングスペースのWeWorkなど、多くの有望なスタートアップに投資を行っています。

孫氏の有名なエピソードは、中国のアマゾンとも評される「アリババ」に投資をして、大成功したことでしょう。

２０００年、孫氏は創業者であるジャック・マー氏と会い、魅了され、すぐに「投資させてほしい」と申し出たそうです。ジャック・マー氏は「１億～２億円」を希望したにもかかわらず、「お金はじゃまにならん」と口説き、最終的に20億円の出資に到ったといいます。

その結果、ソフトバンクはアリババの約３割弱を握る筆頭株主となり、そのときの20億円は、含み益ですが、なんと７５００倍の約15兆円（２０２０年３月時点）になっています。

アリババの成功ストーリーは奇跡に近いものですが、ＰＭＦを超えると、ビジネスが一気にスケールアップし、破壊的なインパクトを持つ未来が開けていくことがよくわかります。

投資家たちは「ビジネススピード」を見る

今、グローバル企業といえば、「ＧＡＦＡ」（Google・Apple・Facebook・Amazon）を

思い浮かべる人が多いでしょう。これらの企業を見てもわかる通り、現代のビジネス環境は**「シェアを一気に奪ったモノ勝ち」**の様相を呈しています。本書の書名の通り、まさに業界ごと破壊する企業が勝つ、そんな時代です。

特にプラットフォーム型のビジネスは、ユーザー数の多さ、すなわちシェアそのものが、事業の価値に直結します。アマゾンや楽天、メルカリにユーザーが少ししかいなければ、当然、そこに出品する人はいなくなるのは自明の理で「ユーザー数こそ命」なのです。**とにかく最初に人を集めて、業界での圧倒的な優位性を示さないと生き残れない**。そのためにはスピード勝負で、シェアナンバー1にのし上がって、ボーダレスな世界を制圧してしまう。これが最重要な勝ちパターンだと考えられています。

そんなストーリーをイメージしているからこそ、投資家たちは「ここぞ」というタイミングで一気に巨額を投じて、ビジネススピードを高めたいと熱望します。

これが、リーンスタートアップのステージ④「スケール期」です。

このフェーズでは、人を増やし、設備を増強します。店舗が必要なビジネスならば店舗を増やし、クラウドのデータ量も一気に上げて、広告費も投じて、なりふり構わずシェアを奪いにいきます。

このステージにおいて「赤字か、黒字か」はほとんど問題になりません。スケール期に勝負をして「一強他弱」の「一強」になれれば、その後の利益を独り占めできるからです。

このストーリーを誰もが夢見ているからこそ、スケール期には尋常ではないお金が投下されるのです。

とはいえ、その動向にも陰りが見え始めてきました――。

どういうことか。続きは最終章にて、「新しい時代」のお話をすることにしましょう。

第6章——「ハッピーイノベーション」で不穏な時代を乗り越える

お金をかけずに、素早く仮説・検証を繰り返す。
市場にフィットすることが確認できた段階で、投資家が一気にお金を注ぎ込む。
採算を度外視してでもビジネスの成長を加速させ、最短距離で市場のトップシェアを奪う。

前章では、そんな筋書きを、新しい成功の方程式「リーンスタートアップ」として紹介しました。特にその後半「スケール期」において、一躍、世界の主役となったのが孫正義氏であり、ソフトバンク・ビジョン・ファンドだということにも触れました。

しかし、**スタートアップを取り巻く環境、とりわけ「投資の環境」は、またもや大きく変わろうとしています。今、私たちは「ドットコムバブル」「リーマン・ショック」に続く、第三の世界的なバブル崩壊の入り口にいる**のです。

そんな「マネー環境に変化が起こっている」ということを頭に置きながら、代表的な業界破壊企業で、「ディスラプター50」にも選出されたある会社を取り上げてみたいと思います。

WeWork
ウィーワーク

本社	ニューヨーク
創業年	2010年
サービス	シェアワークスペース
事業の着眼点	人がつながるクリエイティブなシェアオフィスを作る

WeWork のビジネスは、シェアワーキングスペースを提供するというものです。ビジネスの構造は比較的シンプルで、世界中の都市で好立地を見つけ、不動産のリース契約を結び、内装や設備などをおしゃれにリニューアルした上で、月額料を支払う会員や企業向けに「シェアワーキングスペース」として提供します。

シェアオフィス、シェアワーキングスペースの提供は、今やめずらしいビジネスではありませんが、WeWork の場合、自由でおしゃれ、思いっきりクリエイティブな雰囲気で「ここなら、きっといいアイデアが生まれそう！」と思わせる演出が際立っています。ワーキングスペースでありながら、昼間からビールが飲み放題というのも、独特な自由さを感じるでしょう。

競合のシェアオフィスサービスはいかにもビジネス然としており、ゴージャス感や効率性を重視しています。それに対して、WeWork のブランド戦略は明らかに異質なアプローチであり、それが最大の強みといえるでしょう。

クリエイティブなカルチャーと高額なサービスによって、「ハイグレードな人たちが集まる、クリエイティブな空間」という空気を醸成し、コミュニティとしての機能も果たしています。

WeWork のオフィスで横のつながりを作り、新しいビジネスを生み出す。そのような場になることを WeWork は狙っているのです。

こうしたブランド戦略で世界中に一気に拠点数を増やし、２０２０年３月の時点で、世界１２０以上の都市に、８００を超える拠点を構えるまでになりました。世界の主要都市には、たいてい WeWork がある。そんなイメージです。もちろん東京にも、大阪にもあります。

WeWork によって見えてきた「終わりの始まり」

ここで WeWork という企業を取り上げたのは、ビジネスの着眼点がおもしろいからではありません。WeWorkのビジネスは、財務的な視点だけで見ると「不動産の又貸し業」で、個人や企業の会員が増えれば収益は上がりますが、不動産のリース料や内装費用など支出面でもかなりの負担となります。

とはいえ、ベンチャー企業が成長するフェーズ（スケール期）では、採算度外視で事業を拡大するのは当たり前。WeWorkも例外ではありません。赤字を抱えながらビジネスを続けていることは誰もが承知していましたし、その財務面をソフトバンクグループとソフトバンク・ビジョン・ファンドが中心となって支えていたのです。

ところが――。

２０１９年８月、風向きが変わる出来事が起こります。

WeWorkが新たな資金調達を見据え、アメリカ・ナスダック上場のために証券登録届出書いわゆる「フォームＳ‐１」を証券取引委員会に提出したのですが、その資料にあった数字を見て、世界中が驚愕することになりました。

赤字額が予想をはるかに超えており、かつ不透明な会計処理が数多く見つかったからです。

２０１８年の赤字額は約２０００億円。２０１９年に関しても、上半期だけで約９８０億円の純損失が計上されていることが明らかになったのです。

WeWorkは事業を拡大するなかで、極めて大きな赤字を垂れ流していたのです。イギリスの経済紙「フィナンシャル・タイムズ」は「彼らは時間あたり、約3000万円を失い続けている」と断罪しました。

この事実の発覚により、当時、約5兆円といわれていたWeWorkの時価総額は、約1兆円に暴落。予定していた新規株式公開（IPO）もあっさり延期になってしまいました。

赤字の額があまりに巨大すぎるからです。

この段階で、ソフトバンクグループとソフトバンク・ビジョン・ファンドはすでに93億ドル（約1兆円）をWeWorkに出資しており、この状況には頭を抱えたはずですが、追加の出資と融資を含め最大95億ドル（約1兆円）を投じることを決定しました。

日本円で2兆円——。WeWorkは、孫氏の後ろ盾によってなんとか生き延びている状態です。

未上場で時価総額1兆円を下回り、しかも巨額の赤字を垂れ流すWeWorkに、孫氏はなぜ、最大1兆円もの追加資金の投入をするのでしょうか。

投資の世界では「過去に投資した金額のうち、事業を撤退しても回収できない金額」、言い換えると「回収不能と考えられる金額」のことを「サンクコスト（埋没費用）」と呼び、それに呪縛されることはご法度《はっと》とされています。

しかし、孫氏の立場では、WeWorkは大きすぎて潰せないのでしょう。

もしWeWorkを潰したら、ソフトバンクグループ本体の財務が大きく毀損するのみならず、ビジョン・ファンドに出資する世界の投資家たちの信頼を失い、さらにソフトバンクの投資を支えてきた日本の銀行も大混乱に陥り、投資活動の後ろ盾を失ってしまう。現在のみならず、未来のビジョンも総崩れになる。そうした判断からだと推測されます。

実際、WeWork問題に端を発して、ソフトバンクグループの株式を世界的なヘッジファンドが大量に取得、それに呼応するかのように巨額の資産売却と自社株買いを発表、ムーディーズによる格付けの２段階ダウンなど、同社を取り巻く経済環境は大きく揺れ動いています。

この一連の出来事を、単純にWeWorkだけの問題だと捉えると、少し本質を取り違えてしまうと私は考えています。

WeWorkの一件によって、多くの投資家たちはこのように感じたはずです。

急成長している企業、ＡＩを推進する企業、とりわけ「ユニコーン」と呼ばれる未上場で時価総額が10億ドルを超える企業に積極的に出資しているけれど、彼らの財務状況ははたして健全なのだろうか。このまま出資を続けて、本当に大丈夫なのだろうか、と。

これは、投資家たちに「新興企業への出資に対する不安」を抱かせる出来事であり、まさに「終わりの始まり」を感じさせる不穏なニュースだったのです。

WeWork、Uber、そして新型コロナウイルス・ショック

２０１７年、ソフトバンク・ビジョン・ファンドが立ち上がった当初は、９７０億ドル（約10兆６７００億円）という、予想をはるかに超えた金額を集めたことで世界的な注目を集めました。

孫氏の強気なスタンスは変わらず、２０１９年には「2号ファンド」を呼びかけていますが、今のところ、お金集めに苦労しており、「ウォール・ストリート・ジャーナル」の記事（２０２０年2月）によると、目標額（１０８０億ドル）の約半分ほどで、かつ日本企業が多くを占めていると報じています。

ソフトバンク・ビジョン・ファンドのつまずきは、孫氏だけの問題ではなく、スタートアップを取り巻くマネー環境全体に大きな影を落としています。

図表6　投資家タイプ別投資額の推移

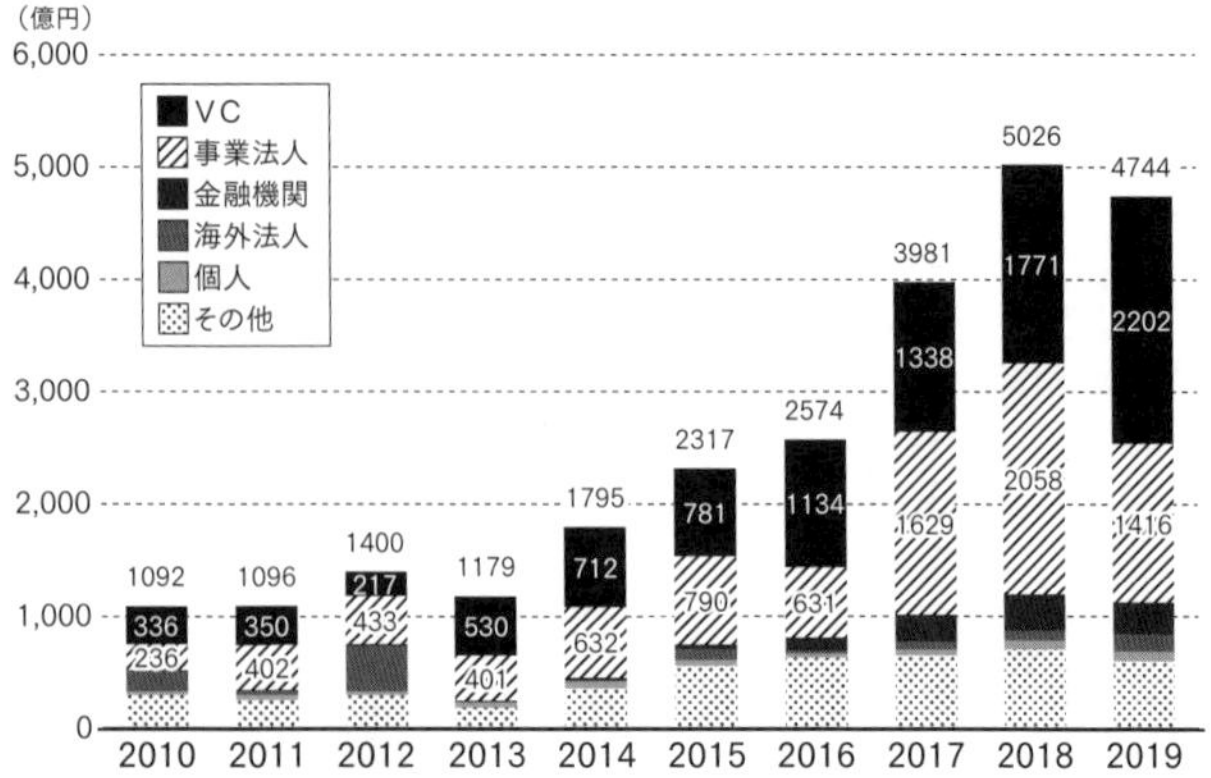

注1：「その他」には未分類・不明を含む
注2：投資家タイプの定義は巻末参照
注3：2019年の値は基準日時点までに観測されたものが対象
注4：データの特性上、調査進行により過去含めて数値が変動する。調査進行による影響は金額が小さいほど、調達社数ほどうける
注5：「資金調達」とは含める金額の内容が異なる

出所：INITIAL（2020年3月27日時点）

２０１３年頃から続いてきた、いわゆる「スタートアップ・バブル」も、ついに終わりが見えてきており、ベンチャーキャピタルの投資姿勢にも大きな変化が起きています**（図表6）**。

じつは、WeWork問題が発覚する３カ月前に、その予兆ともいうべき出来事がありました。

近年のスタートアップの象徴ともいうべきUberの上場です。

上場前の予想ではUberの時価総額は９００億ドルから１２００億ドルの間になるとアナリストは予測していましたが、現実には７２０億ドル（２０１９年５月）に留まり、さらにWe

Work問題が発覚してからは一気に株価が下落して４５０億ドル（２０１９年11月）を下回りました。このUberもビジョン・ファンドの出資先で、ソフトバンクグループ（約16パーセント）が筆頭株主なのです。

２００８年に起きた「リーマン・ショック」の際にも、その前兆がありました。それは２００７年夏頃からの住宅価格の下落、それにともなうサブプライムローンの不良債権化です。このときは一年の時を経て、百年に一度といわれるカタストロフィ（突然の大破局）を迎えることになりました。

Uber上場、WeWork問題に端を発したバブル崩壊への予兆は、２０２０年初頭に世界に広まった新型コロナウイルスによってさらに傷を深くし、巨大な金融危機を世界経済にもたらす可能性がいよいよ高まっています。その余波もあり、「スタートアップ・バブル」は大きくはじけるでしょう。

これまでは資金面の心配をせず、ビジネスを拡大させてきていたスタートアップでも、資金が集まらずに財務が悪化し、倒産する企業が急増するでしょう。「赤字覚悟のスケール期」を投資家や金融機関が許さなくなり、黒字を維持しながら事業を拡大していくバランス経営が求められるようになります。

そんな時代の足音が、確実に近づいています。

私自身、空前のバブル景気がはじけた１９９１年に起業して以来、数多くの浮き沈みを肌身で感じながら生きてきました。１９９７年の国内金融危機、２０００年のドットコムバブル崩壊、２００８年のリーマン・ショックと、そのすべてのタイミングにおいて、ひとりの起業家として倒産寸前の危機を実体験してきました。

自らが熱いヤカンにさわって、その痛みから多くを学んできたので、この収縮していく時代の空気とこの先の流れを、デジャブのように感じています。

もちろん、スタートアップへの投資は時代とともに洗練されてきているので、ドットコムバブルの崩壊ほど、急激で、強烈なインパクトではないとしても、スタートアップを取り巻くバブルは確実に終わり、新しい季節、つまりは冬の時代に入ろうとしています。

ハッピーイノベーション＝幸せの連鎖を生むサステナブルな起業

厳しい空気を感じながらも、もう少し冷静に、長い目でビジネス環境を眺めてみましょう。

時代は螺旋《らせん》状に循環するものです。じりじりと上昇し、一瞬で崩壊する。そして進化する。

このサイクルの繰り返しです。

しばらくは厳冬の時代が来るでしょう。スタートアップに対する出資は極めて厳しいものとなり、冷酷な自然淘汰の波が2～3年ほどは続くでしょう。しかし、その時期を越えると、生き残った投資家たちは新たな出資先を探し、生き残った起業家に大きなお金が集まり、再びバブルの波に乗って、ビジネスを急成長させる企業が登場するでしょう。

ビジネスにとって、あるいは起業家にとって「拡大や成長」というのは、資本主義の持つ宿命であり、「スケールアップすることが正しい道である」というビジネスマインドから逃れることは困難です。

結果として、またもやマネーゲームの波に呑まれていくのです。

ただし、21世紀に入り、それとは異なる新しい価値観、新しい起業のカタチが芽生え始めてきたようです。

本書の締めくくりとして、これまでの「スケールアップを目指した野心的な起業」とは異なる、「幸せの連鎖を生むサステナブルな起業」、ハッピーイノベーションを取り上げてみたいと思います。

まだお金がほしい？　もっと称賛されたい？

新しい事業を起こして、ビジネスを継続するためのエネルギーはなんだと思いますか？

起業を成功させるには、長期にわたって継続する、燃えるような情熱が必要です。その尋常ではない「心理的エネルギー」は、いったいどこからくるのでしょうか。

ビジネスを成功させれば、当然大きなお金が入ってきます。そして人々からは多くの称賛を得られ、社会に対する影響力を増していきます。

これまでの「スケールアップを目指した野心的な起業」においては**「お金」「称賛」「地位」などへの個人的な渇望こそが、最大の心理的エネルギーとなっていました。**

自らのアイデアひとつでビジネスを立ち上げ、その事業が成長し、大きなお金を生む。多くの人たちに称賛され、さらに大きな出資を受けて、どんどんビジネスがスケールアップしていく――。私の経験からいっても、そのような成功の瞬間には、言葉では表現できないほどの達成感があり、それが強烈なモチベーションとなっていました。

一方で、資本の原理にしたがってビジネスを続けていると「もっともっと」（右肩上がり）

という気持ちが大きくなるばかりで、「今、自分が手にしているものを失う」（右肩下がり）ことがどんどん恐ろしくなっていきます。

私自身がそのことに気がついたきっかけは、リーマン・ショックのときに経験した倒産危機でした。**50代に近づいた頃、私はようやく、自分自身の幸せに対する誤解と、起業家の使命に目覚めたのです。**

アメリカの心理学者ティム・カッサー氏とリチャード・ライアン氏の研究であきらかになったことがあります。

「外的な目標を持つ人」は「内的な目標を持つ人」と比較して、常に未達成の不安を抱えており、その達成度にかかわらず「幸福度が低い」ことがわかっている。

これは、起業においても、まさに真理をついています。

「お金」「称賛」「地位」といった外的な目標を持ってビジネスをすること自体を、完全に否定するつもりはありません。産業革命以降、外的な目標が心理的エネルギーとなり、人類は驚異的ともいえる物質的発展をとげてきたからです。

しかし、それで起業家本人は本当に幸せになれるのでしょうか。

笑顔溢れる幸せな社会、環境に優しい持続的な世界を作り出すことができるでしょうか。

これは、リーマン・ショックが世界に問いかけたテーマでもあります。

そして今、世の中には「利益」「拡大」「効率」といった「20世紀的な価値観」から離れ、**「優しい気持ち」や「幸せな体験」あるいは「ワクワクの追求」を心理的エネルギーとして、**新しいスタンスで事業を始める人たちが増えてきました。

まさに「内的な目標」を強く持った起業家です。

このような21世紀的な、物質的な価値を超えて、人々の幸せを追求する新しい事業創造を「ハッピーイノベーション」と名づけたいと思います。

ここからは、そんなハッピーイノベーションの事例をいくつか取り上げてみましょう。

恵まれない子どもたちに「教育の機会」を提供する

Teach For America というニューヨーク州に本部を置く教育NPO法人をご存じでしょうか。Teach For America では、**国内の一流大学を卒業した優秀な人たちを（教員免許を**

持っていても、持っていなくても）大学卒業後の2年間、教育機会に恵まれない地域の学校に、非常勤講師として赴任させるというプログラムを実施しています。

もともとは、代表を務めるウェンディ・コップ氏がプリンストン大学時代、このTeach For America の活動に関するアイデアを修士論文にまとめたところから始まります。

彼女は、大学のその論文を書くにあたり、さまざまな教育現場について調査し、そこから見えてきたさまざまな課題について研究しました。そのなかで「なんとかして自分が解決したい」と考え、事業化しようと立ち上がったのです。

大学を卒業した人を２年間限定で派遣するというアイデアも受け入れられ、１９９０年の第１回募集のときから、定員５００人のところに約２０００人の応募がありました。同時に企業や資産家などから総額２５００万ドルの寄付を集めることにも成功。事業は動き始めます。

回を重ねるごとに、プロジェクトの評判は高まり、今では多くの有名企業がTeach For America と提携するようになっています。グーグルやGE、JPモルガンなどの企業も、内定している学生が2年間このプログラムに参加することを認めています。

さらに、海外にもこの活動は伝播していって、イギリスのTeach First、日本のTeach For Japan、インドのTeach For India など50カ国以上に広がり、今では「Teach For All」

という世界的ネットワークになっています。

Teach For America の活動が大きなお金を生むかといえば、決してそんなことはないでしょう。

しかし、**２０１０年には、全米の文科系学生の就職先ランキングでアップルやグーグルを抑え、見事１位を獲得**しています。多くの学生たちが Teach For America の志に共感し、「ここで一緒に働きたい」という思いを持っているのです。

アメリカ国内はもちろん、世界中にはさまざまな理由で十分な教育を受けられない子どもたちがたくさんいます。代表のウェンディ・コップ氏は「どれだけ貧困が深刻な地域の子どもたちであっても、サポートさえあれば優秀な結果を出すことができる」という信念を語っています。

Teach For America の素晴らしいところは、ウェンディ・コップ氏自身がこの活動を通じて幸せを感じ、またプロジェクトに参加する学生や赴任先の学校の子どもたち、そしてその学校の教師やご両親たちと、たくさんの人たちの本質的な幸せに寄与しているところです。

自分自身を起点として、本質的な幸せが広がってゆく。「ウチからソトへの幸せの連鎖」こそ、新世紀におけるハッピーイノベーションの目指すものといえるでしょう。

ここでもうひとつ、業界破壊企業として「ディスラプター50」にも選ばれているスタートアップを取り上げてみます。

Zipline International
ジップライン・インターナショナル

本社	ハーフムーンベイ（カリフォルニア）
創業年	2014年
サービス	ドローンによる無人配送
事業の着眼点	ドローンを使って医療品を配達する

Zipline のビジネスは非常にシンプルで、ドローンを使って医療用の血液を運ぶというものです。ドローンといっても、プロペラが４基ついている、いわゆる「ヘリコプター型」ではなく、医療用血液を運ぶために専用に開発された「飛行機型」のドローンです。

彼らがメインで活躍しているのはアフリカで、ルワンダとガーナを中心に医療用血液を無人輸送しています。第４章で取り上げたような、テクノロジーによって人命を救うイノベーションを実現している企業です。

アフリカでも都市部は非常に近代化し、交通網も発達していますが、都市部を少し離れれば、荒涼とした大地や大小の丘が広がっていて物流は困難を極めます。

現在、ルワンダでは、首都のキガリを除くと、国内で使用される輸血の輸送の65パーセントをZiplineのドローンが担っています。ひとつの国全体に対して、ドローンの輸送網が整備されている世界でも初めてのケースといえるでしょう。

ガーナでの事業は２０１９年に始まったばかりですが、現在、血液をはじめワクチンや医療品などの輸送も手がけ始めています。

こうした国々にとって、まさに救世主とも呼ぶべき存在で、今や欠かすことのできない重要な医療インフラとして機能しています。

ちなみに、「飛行機型」のドローンを使用しているのは、エネルギー効率がよく、飛行距離も長いためです。また、何かしらの理由で飛行できなくなったときでも、ヘリコプター型のように即座に落下することはなく、地上までゆっくりと滑空し、比較的安全に着陸することができます。「医療品を運ぶこと」に特化した設計となっているのです。

「思い」と「イノベーション」のかけ合わせによって幸せな社会を作る

創業者ケラー・リナウド氏がZiplineを立ち上げるきっかけとなったのは、ある研究者との出会いにあったといいます。その研究者はタンザニアで「緊急を要する患者」が発生すると、携帯電話を通じて「患者の場所」や「必要な医療設備」などの情報が複数の病院に伝わるアラートシステムの構築をしていました。

ケラー・リナウド氏は、そのアラートシステムに上がってくる患者のリストを見たとき、何千という名前が載っていることにまず驚き、必要としている医療品があるのに、それを届ける手段がないという現実を知ります。

その体験がきっかけとなって彼はZiplineを立ち上げ、２０１６年には、このプロジェクトに積極的かつ協力的だったルワンダ政府と手を組み、事業が動き出します。

物流業界におけるドローンの活用は、これから世界中で広がっていきますが、Ziplineはまさにその先駆けとなっている企業といえるでしょう。

Teach For Americaにしても、Ziplineにしても、**創業者の「純粋な思い」と「イノベーティブなアイデア」がかけ合わさることで、人々の幸せの連鎖を生んでいる**ことがよくわかります。

Teach For Americaの、「恵まれない地域の子どもたちに教育を」というメッセージは素晴らしいものです。誰も否定することはできないでしょう。

しかし、それだけを発信しても現実は何も変わりません。

そこに「一流大学卒の学生を2年間派遣する」というアイデアをかけ合わせることで、大きなムーブメントとなっていったのです。

Zipline も同様で、「交通インフラが整備されていない地域に、医療用血液を届けたい」という思いがあっても、それに最適化するアイデアと「ドローン」というテクノロジーがなければ問題を解決することはできません。

これこそが「ハッピー」の連鎖を生むための「イノベーション」なのです。

働く人もお客さんも笑顔になる、「注文をまちがえる料理店」

Teach For America や Zipline の事例を紹介すると、**大規模で、世界を股にかけるような事業展開が必要であるかのような誤解を与えてしまうかもしれません。**

しかし、ハッピーイノベーションとは、そんな大仰なものばかりではありません。

みなさんは、「注文をまちがえる料理店」をご存じですか。

これは日本で行われているプロジェクトで、ホールで働いている人はすべて認知症の方たちというレストランです。認知症の方たちなので、もしかしたら注文をまちがえてしまうかもしれない。でも、そのときは「ま、いっか」と許せてしまうような寛容な社会を目指す。そんな思いで作られたのが「注文をまちがえる料理店」です。

　認知症を患っている人は、２０１０年の段階で世界に３５００万人いて、ＷＨＯによると、２０５０年までには１億５０００万人に増えると予測されています。

「注文をまちがえる料理店」の発起人・小国士朗さんはこんなことを語っています。

認知症については、世界的にも誤解されている部分が多く、「認知症になると何もできない」と思われて、場合によっては社会から隔離されてしまう。でも、そうではなくて、もっと認知症の人たちと一緒に、普通に生活できる寛容な社会を作りたい。

　たしかに「注文をまちがえる料理店」では、接客や配膳がたどたどしかったり、ときにとまどってしまったり、まちがえたりもしているのですが、お客さんも一緒になって、みんなが笑顔で楽しそうな空間を共有して、働いたり、食事をしたりしています。結果として９割以上の人が「ぜひまた来たい」と回答するなど、驚くほどの顧客満足度も実現されました。

　完璧さから寛容さへ。これこそが、かけがえのないハッピーイノベーションではないでしょうか。

なぜ、こんな空間や空気感を作ることができているのか。小国さん自身も語っているのですが、それは「注文をまちがえる」という看板を掲げているからです。**このちょっとした工夫こそが、じつは大きなイノベーションなのです。**

とかくビジネスの世界では「効率がよくなければいけない」「クレームにつながるリスクはゼロにしないといけない」「サービスは完璧でなければいけない」というマインドに縛られがちです。もちろん、そういう側面も重要ですが、**ちょっとしたアイデアで「効率」や「完璧さ」よりもっと大切なもの、人が心から幸せを感じられる「優しさ」や「寛容さ」をビジネスのなかで実現することもできる**のです。「注文をまちがえる料理店」は、そんな新しい価値観とアイデアの大切さを、私たちに教えてくれます。

なぜ今、幸せ視点に価値観がシフトしているのか

なぜ今、人々の価値観が変わり始めているのでしょうか?

複合的な要素がありますが、もっとも強い影響を与えているのは、ムーアの法則にした

がって指数関数的に進化する「情報テクノロジー」でしょう。１６３ページで述べたように、アルビン・トフラー氏は情報革命によって「暴力→富→知識」というパワーシフトが起こったと説きました。その後、インターネットとＳＮＳが登場し、人類は以前よりはるかに深く多様につながるようになったのです。

そして、企業の言動は絶え間なく注視されるようになりました。

人々の共感を得られる商品やサービスは、その評判が友人を通じて波紋のように広がっていきます。逆に、人々に怒りや失望を感じさせると、信じられないスピードでクチコミが広まり、マスメディアとも連動してブランドイメージは大きく毀損してしまいます。私たちは無意識のうちにテクノロジーの恩恵を受け、ともに考え、行動するようになりました。

個の時代からつながりの時代に、世界はソーシャルシフトしたのです。

その結果、「共感」という新しいパワーの源泉が登場しました。常に友人のアイコンが近況を報告し、いつでも顔を見ながらコミュニケーションできる時代において、私たちはお金や知識を超えて、人とのつながりや共感の大切さを実感するようになりました。ビジネスも、人々の共感なしに存在することはできない時代になったのです。

共感を生まない「お金視点」から、共感される「幸せ視点」に、世界の人々の価値観は自然とシフトしていくでしょう。

実際に、ビジネスの現場でも、グーグルなどの先進企業が率先して「ポジティブ心理学（持続的に続く幸せを研究する学問）」「マインドフルネス（今、この瞬間に意識を集中すること）」「セルフコンパッション（ありのままの自分を肯定的に受け入れること）」などの知見や技術を取り入れ、従業員たちの幸せを高めようとする動きが広まっています。

コロナショックは、時計の針を加速させる

２０２０年、新型コロナウイルスのパンデミック（感染症の世界的な大流行）は人類に未曽有の危機をもたらし、国連事務総長をして「第２次世界大戦以来、最大の試練」といわしめました。

国家によって人の流れが完全に分断されたため、大恐慌に匹敵するほどの経済インパクトを引き起こし、これまで人類が築いてきたすべてのシステムに創造的な破壊を加えています。

日本においても、緊急事態宣言によって「密接した場に集い、会話する」ことへの強い自粛要請があり、人々の物理的なつながりが断たれることになりました。

このようなかつてない試練の中、私たちの意識には大きな変化が生まれつつあります。自宅に閉じ込められた人たちは、同僚や友人とのつながりを求めてオンラインで集うようになり、会議、授業、買い物、会食や飲み会、美術鑑賞にいたるまで、デジタル化の波が一気に押し寄せ、仮想空間の場が飛躍的に増加していきました。

２０００年代後半に「セカンドライフ」という仮想空間が世界中でセンセーションを巻き起こし、トヨタや電通が次々と参入したことを覚えている方も多いかと思います。あの不思議な空間は、３Ｄアバターで見知らぬ人と交流する世界でしたが、コロナショックによって、普通の人たちがリアルの代替として「Zoom（ズーム）などの仮想空間」で交流するようになったのです。

この進化は、匿名掲示板から実名ＳＮＳへの移行にもたとえられるでしょう。

ＳＮＳ以前から「2ちゃんねる」などの匿名掲示板は存在していましたが、それは一部のコアユーザーだけの場であり、見ず知らずの人たちが責任のともなわない会話を交わす場として存在していました。

そこに登場したのが、実名ＳＮＳである「フェイスブック」です。フェイスブックの普及は人々の行動を大きく変えました。それまで習慣のなかった「ネット上に実名をあげる」という高い心理的ハードルを乗り越えることで、普通の人々のリアルな交流を仮想空間に移したのです。匿名掲示板と異なるのは、信頼関係で結ばれた人たちのネットワークであるという点です。以来、私たちはテキストや写真を通じて、リアルな友人たちと常につながりあうようになりました。

２０２０年、コロナショックによって、世界の人々は半ば強制的に、面会の場をZoomなどの仮想空間にシフトさせられることになりました。それによって、**私たちはこれまで習慣のなかった「ネット上に素顔をさらして対話する」というさらに高いハードルを乗り越えました。**セカンドライフと異なるのは、信頼関係で結ばれた人たちの集いの場であるという点です。以来、私たちはいつでもどこでも、場合によっては初対面の人とでも、オンラインで気軽に対話するようになったのです。

これは驚くべき「人とのつながり」の進化であり、これによって世界は大きく変わることになるでしょう。

まず、私たちはこれまでの常識を疑いはじめました。

「印鑑や請求書って本当に必要なの？」

「そもそも、オフィスってなんのためにあるんだっけ？」

管理や企画、事務などをするオフィスワーカーが自宅に職場を移す一方で、医療、介護、交通、物流、小売店、ごみ処理といった社会生活を維持するために不可欠な就労者であるエッセンシャルワーカーは、生命の危機を感じながらも現場での仕事を強いられました。

「なぜ、私たちだけが我が身を危険にさらさなくてはいけないの？」

「あの人たちは、いったいどんな価値を生み出しているの？」

職場を自宅に移した人と現場で仕事を続ける人との心理的な距離が離れるとともに、仕事に対する本質的な問いも生まれてきました。

一方、職場を自宅に移した人々にも変化が訪れます。コロナショックによって、職場と家庭の境界が溶けてしまったのです。会社への帰属意識も薄れはじめ、人の幸せや組織の意義といったことに本質的な疑問をいだくようになりました。

「私は、なんのために仕事をしているんだろう？」

「私たちの組織は、なんのために存在しているんだろう？」

コロナショックは一部の人たちの価値観を覚醒させました。それによって、以前の状態に戻ろうとする人たちと、この危機から学んで変わろうとする人たちとの間に、深い精神的な隔たりが生まれます。

しかし、それまで遅々として進まなかったリモートワークが一気に進んだことで、**ややもすると劣勢だった改革派やミレニアル世代の若者たちがパワーをもつことになる**でしょう。

「あれだけ声高に叫んでいたのに、なぜ改革が進まなかったんだ」

「今まではなんだったんだ。やればできるじゃないか」

一度経験してしまったことを、すぐに忘れることはできません。**この流れはデジタル・トランスフォーメーション（デジタル技術による、あらゆる企業活動の変革）を一気に加速させ、組織内の価値観や文化にも大きな影響を及ぼすでしょう。真の意味での「働き方改革」が進む企業も増えるはずです。**

他方、コロナショックは「テクノロジーでは超えられないもの」も気づかせてくれました。微妙なニュアンスを伝える会話。クリエイティブを生みだす雑談の大切さ。人と寄り添うことが醸し出すぬくもりや安心感。物理的に「人が集い、話をすること」が、どんなにかけがえのない価値を生み出しているのかを、私たちは深く再認識したのです。

人類の危機、コロナショックは、はからずも「人のつながり」を大きく変化させ、世界のソーシャルシフトを加速させたのです。

1996年以降に生まれた「ソーシャルネイティブ」たち

世代の価値観も大きく影響するでしょう。

ミレニアル世代でも、**1996年以降に生まれた若者は「Z世代」**と呼ばれ、それ以前の「Y世代」と区別されるようになりました。Z世代最大の特徴は、物心ついたときからSNSによって人々が深くつながる世界に生きていることです。

Z世代は**「ソーシャルネイティブ」**、**いわばソーシャルシフトした若者たち**なのです。

彼ら彼女らは、業界破壊イノベーションを先導するY世代と比べて、より人とのつながり、特に家族や友人を大切にします。個人の多様性を尊重する一方、理由なく価値観や行動を押しつけられることを極端に嫌います。社会貢献や環境保護に対する意識もより高まっています。

また、Z世代の仕事観は、仕事と私生活のバランスや両立を目指す「ワークライフバランス」を超えて、**仕事と私生活を切り離さずに組み合わせて楽しさや成長を促す「ワークライフジェンガ（ゲームのジェンガのように切り離せない）」**になってきたともいわれています。

これからZ世代が時代の主役になるにつれ、自分自身が幸せの起点となり、人々の幸せの連鎖を作ってゆくハッピーイノベーションがきっと増えていくことでしょう。

変化はすでに起きているのです。

ハッピーイノベーションを創り出す、新しい起業のプロセス

このような、幸せな気持ちになるイノベーションは、どのようなプロセスを経て創出されるようになるのでしょう。私自身の経験も踏まえて、イノベーション創出のステップを、新旧対比のかたちでまとめてみましょう。

《リーマン・ショック以前の「新しい事業」創出ステップ》

① 世界を変えるようなビッグアイデアを思いつく
② 経営環境を分析し、立派な事業計画を作る
③ 起業チームを結成し、起業資金を集める
④ オフィスを借りる、人を雇う、ウェブを作る、広告をする

⑤　社長は「いかにお金を集めるか、いかに集客するか」に集中する
⑥　社員や顧客とは、お金で報いる関係を構築する
⑦　資本戦略、製品戦略、マーケティング戦略により競争に勝ち続ける
⑧　最短距離の成長、市場の独占、企業価値の最大化を目標とする

世界の経済を揺るがす「リーマン・ショック」の激しい信用収縮があり、厳冬の時代を越えて「リーンスタートアップ」が登場。**②から⑤が劇的に変わります。**これによって、スタートアップの成功確率が劇的に高まり、「ディスラプター50」に登場するような世界を変える業界破壊企業が続々と登場することになりました。

《リーマン・ショック以降に生まれた「業界破壊イノベーション」創出ステップ》

①　世界を変えるようなビッグアイデアを思いつく
②　計画より前に、現実に存在する課題を発見する
③　課題を解決するための最小機能製品を作り、学習し続ける
④　その過程で、コンテンツが磨かれ、同志の輪が自然と広がる

⑤ **社長は「いかに顧客の期待を上回り、再利用の意向を深めるか」に集中する**
⑥ 社員や顧客とは、お金で報いる関係を構築する
⑦ 資本戦略、製品戦略、マーケティング戦略により競争に勝ち続ける
⑧ 最短距離の成長、市場の独占、企業価値の最大化を目標とする

今回のスタートアップバブル、コロナショックを経て、スケールアップよりもバランスがとれた事業創造、本質的な幸せの連鎖を生むイノベーションが注目されるでしょう。
同時に、起業のプロセスも進化して、①⑥⑦⑧が大きく変化し、スモールサイズのハッピーイノベーションが無数に誕生してくると私は予想します。

《スタートアップバブル以降に予想される「ハッピーイノベーション」創出ステップ》
① **自分が夢中になれるスモールアイデアをひらめく**
② 計画より前に、現実に存在する課題を発見する
③ 課題を解決するための最小機能製品を作り、学習し続ける
④ その過程で、コンテンツが磨かれ、同志の輪が自然と広がる

⑤ 社長は「いかに顧客の期待を上回り、再利用の意向を深めるか」に集中する
⑥ **一期一会。人との出会いを大切にする**
⑦ **無理に告知しない、無理に戦略を立てない、無理に拡大しない**
⑧ **ビジョンはあるが、自然な流れを大切に、幸せの連鎖を広げる**

いかがでしょう？

あなたはスケールアップを狙った「業界破壊イノベーション」に心を躍《おど》らせるタイプでしょうか？

それとも、自分、それに近い人たちから小さく始めて、幸せの連鎖を生んでゆく「ハッピーイノベーション」にワクワクを感じるタイプでしょうか？

「お金のチカラ」から「人のチカラ」の時代に

私たちは、起業したり、新しい事業を開発したりするためには、まとまったお金が必要だという思い込みを持っています。そのため、起業家は、投資家にお金を出してもらうことで

事業を立ち上げるのが一般的な流れとなっています。

振り返ると、人類は農業の発明で農作物の余剰を生み、それがお金を生み、結果として国家や市場を生み出しました。そして次第に「生産する」にはお金が必要になり、持てる者と持たざる者の悲劇を生み出しました。これが現代の悲劇、二極化の原点です。

しかし、情報社会になって様相は一変しました。もしスケールアップを狙わず、ナチュラルな成長にまかせる場合は、無理にお金を集めたり、集客したりする必要がなくなったのです。

今や、生産に必要なのは「お金」そのものではなく「人のチカラ」になりました。

では「お金」とは何か? 起業家にとってのお金とは「人間関係がなくても、共感を得られなくても、人の助けを借りることができるツール」だといえるでしょう。

お金なしで小さく始め、学びあい、助けあいながら、自然に事業を育てられれば、きっと、今とは違う幸せな世界が見えてくると私は信じています。

「最少のお金」で「人を幸せにする事業」を創り出すこと。コストゼロで、幸せが連鎖して増えていくような事業を創造すること。それができたら、世界を悩ます二極化の問題も解消し始め、世界はきっと笑顔に溢れたところになる。私はそう信じて、日々活動しています。

ハッピーイノベーションが私たちの生活の基盤になる

さて、「業界破壊企業」をめぐる、これまでのお話をまとめましょう。

まず本書では、業界の勢力図を一変させてしまうようなディスラプター、業界破壊企業について紹介し、**「価値創造」「価格破壊」**、それに**「プラットフォーム型」「ビジネスモデル型」「テクノロジー型」**のタイプで分類することを提唱しました。

続いて、その分類にしたがって、興味深い「業界破壊企業」22社を取り上げながら、さまざまなビジネスモデル、スタートアップのスタイル、企業としてのストーリーなどを詳しく見てきました。

さらに、多くの「業界破壊企業」に共通する三つのキーワード**「ミレニアル」「サステナブル」「リーンスタートアップ」**という視点で、業界破壊イノベーションの特徴を考察してきました。

最後に、スタートアップを取り巻く資金調達の環境変化について解説し、新しい感性のビジネスマインドに基づく**「ハッピーイノベーション」**について言及しました。

図表7　業界破壊イノベーションとハッピーイノベーション

	業界破壊イノベーション	ハッピーイノベーション
価値基準	世界を変える	自分が夢中になる
動機	お金、人からの称賛	ワクワク、人の笑顔
目標	モノポリー（独占）	サステナブル（持続）
組織	大規模なヒエラルキー組織	フラットなスモールチーム
プロセス	最短距離、最大効果	小さく始めて、自然に成長
資金調達	積極姿勢、企業価値の最大化	資金は必要最小限
マネジメント	計画と統制	持続的な学習

業界破壊イノベーションとハッピーイノベーションの相違点を、チャートで表すと、上の**図表7**のようになります。

最後にひとつだけ。私は「業界を破壊するような企業」やそれを創り出す方法を否定しているわけではないことをお伝えしたいと思います。

人々の生活を支えるようなエネルギー産業や通信ネットワーク、大規模な投資が必要な製造業や建設業、さらには医薬品やＡＩなどの高度な開発事業など、桁外れの経営資源を必要とする業種やサービスも多数存在しています。そのような基盤があるからこそ、私たちは幸せに生きてゆけるし、これからも不可欠な役割を果たしてくれるでしょう。

「業界破壊イノベーション」が私たちの生活に必要なイ

ンフラやプラットフォームを作り上げ、その上で無数の「ハッピーイノベーション」が生まれてゆく。それらが私たちの生きる活力となり、幸せの連鎖が世界に広がってゆく。

そんな明るい未来を目指すために、この本がその一助になれば幸いです。

あとがき

私には二つの顔があり「起業家先生」と呼ばれています。

ひとつは、シリアルアントレプレナー（連続起業家）としての顔。29歳で起業して以来、長くＩＴ業界に身をおき、スタートアップの難しさ、新規事業の難しさを、文字通り身銭を切って学んできました。自叙伝『再起動《リブート》』（ダイヤモンド社）の帯には「僕は4回死に、そのたびに復活した」と銘打たれてしまうような、浮き沈みの激しい人生を送ってきました。今も現役の起業家です。

もうひとつは、大学で経営学を教える先生としての顔。30年近い起業家の経験と最新経営学の知見を組み合わせて、次世代を担う社会人や若者たちに「幸せ視点の経営学」「幸せ視点のイノベーション」として伝えてきました。おかげさまで、学生たちから「とんとん」と慕われ、社会人向けの講義も始めています。今や、ワクワクする学びの創造が私のライフワークとなり、熱い情熱を注いでいます。

今回の書籍は、実践と研究という二つの視点から「業界を破壊するような新興企業」をテーマに筆を進めてみました。個々の企業やサービスの特徴を丁寧にお伝えすることはもちろんのことですが、それに付随するさまざまな知見やノウハウ、トレンドなどを交えて、できるだけ平易な言葉でお伝えするよう努力いたしました。みなさまにお役に立つ情報をお届けできましたでしょうか？

調査のベースとした「ＣＮＢＣ ディスラプター50」は、２０１３年から毎年発表されているもので、２０１９年度に選出されたディスラプター50社の予想時価総額の合計は２６６０億ドル（約29兆４０００億円）にのぼり、うち36社は時価総額10億ドルを超える未上場企業、いわゆる「ユニコーン」です。

いずれも、業界秩序や商習慣にとらわれずに、斬新なビジネスモデルやテクノロジーを市場に持ち込み、驚くべきスピードで顧客を獲得しているスタートアップ企業です。

なお、この書籍では22社を取り上げましたが、２０１８年度以降の「ＣＮＢＣディスラプター50」に含まれるすべての会社に関する情報は、私の個人サイト「JOIN THE DOTS」（ＱＲコード参照）に掲載しており、誰でもダウンロードできるようになっています。ご興味のある方は、ぜひこちらをご覧ください。

最後に言及した「ハッピーイノベーション」は、私塾「hint ゼミ」の科目であり、学習院大学で「起業論」の自主ゼミから始まりZ世代を研究する組織として成長した「イノベーションチーム dot」が実践しているテーマでもあります。

「hint ゼミ」講義テキスト、学習院大学「起業論」講義テキストなども、すべて私の個人サイト「JOIN THE DOTS」に掲載しており、誰でもダウンロードできるようになっています。特に「hint フレームワーク」は、ハッピーイノベーションをゼロから創出するための体系的な最新開発メソッドです。個人ないし企業で新しい事業を立ち上げる際にはきっとお役に立つと思います。ぜひご覧くださいませ。

また、２０２０年４月からは、ビジネス・ブレークスルー大学の専任教授に就任しております。こちらでも「hint フレームワーク」をベースにした「幸せ視点のイノベーション」という科目で教鞭をとっております。スタッフのみなさんと一丸となり、日本のミネルバ大学を目指してがんばっておりますので、ご興味のある方はご一報くださいませ。

最後に、感謝の言葉を記させていただきます。

本書の企画や執筆にあたってはイイダテツヤさんの、編集にあたっては光文社の樋口健さんの絶大なるご協力をいただきました。お二人の献身的で創造的なご支援なくして、この書籍を書き上げることはできませんでした。心から御礼申し上げます。

また「hint フレームワーク」の改善、イノベーションを創り出す経験をともに支えてくれた「イノベーションチーム dot」の冨田侑希、小金丸侑莉、伊藤賢太、前田真由美、池田萌絵、渋江みのり、そしてZ世代の仲間たち。イノベーション学習の場であり、アフターコロナをともに考えた「hint ゼミ」の方々、それを支える link の三原真理子、伊藤真愛美、多田真希子。さらに、ビジネス・ブレークスルー大学で「幸せ視点のイノベーション」を受講してくれたクラスメイトたち。みなさんとともに実体験しているイノベーション学習の成果を、こうして書籍として世に出すことができました。本当にありがとうございました。

また、帯にはビジネス・ブレークスルー大学学長の大前研一さんより、素晴らしい推薦文をいただきました。同大学で大変お世話になっている宇田左近副学長、白崎雄吾さん、石黒雄大さん、芦澤元之さんはじめスタッフのみなさま、それにラーニングアドバイザーの川崎稔さんと福田浩至さん（ループス副社長）、いつもお力添えいただき、ありがとうございます。

みなさんのおかげで、この本は無事に産声をあげることができました。

２０２０年４月

著者

個人サイト「JOIN THE DOTS」
(https://www.join-the-dots.net)

構成／イイダテツヤ
デザイン／宮城谷彰浩（キンダイ）

斉藤徹（さいとうとおる）

株式会社ループス・コミュニケーションズ代表取締役。1961年、神奈川県生まれ。慶應義塾大学理工学部を経て、'85年、日本IBM株式会社入社。'91年、株式会社フレックスファームを創業。2005年、株式会社ループス・コミュニケーションズを創業。学習院大学経済学部特別客員教授を経て、'20年、ビジネス・ブレークスルー大学教授に就任。専門分野はイノベーションと組織論。

業界《ぎょうかい》破壊《はかい》企業《きぎょう》　第二《だいに》のGAFA《ガーファ》を狙《ねら》う革新者《かくしんしゃ》たち

2020年5月30日初版1刷発行
2020年6月20日　2刷発行

著者 —— 斉藤　徹
発行者 —— 田邉浩司
装幀 —— アラン・チャン
印刷所 —— 近代美術
製本所 —— ナショナル製本
発行所 —— 株式会社光文社
東京都文京区音羽1-16-6（〒112-8011）
https://www.kobunsha.com/
電話 —— 編集部03（5395）8289　書籍販売部03（5395）8116
業務部03（5395）8125
メール —— sinsyo@kobunsha.com

R<日本複製権センター委託出版物>
本書の無断複写複製（コピー）は著作権法上での例外を除き禁じられています。本書をコピーされる場合は、そのつど事前に、日本複製権センター（☎03-3401-2382、e-mail : jrrc_info@jrrc.or.jp）の許諾を得てください。

本書の電子化は私的使用に限り、著作権法上認められています。ただし代行業者等の第三者による電子データ化及び電子書籍化は、いかなる場合も認められておりません。

落丁本・乱丁本は業務部へご連絡くだされば、お取替えいたします。
© Toru Saito 2020 Printed in Japan

ISBN 978-4-334-04475-6

1035
生命保険の不都合な真実
柴田秀並

人の安心を守るために生まれた生命保険が、人の安心を奪う――。大手や外資、かんぽ生命などの相次ぐ不祥事の背景にある、顧客軽視の販売構造と企業文化を暴く。

978-4-334-04443-5

1036
恥ずかしながら、詩歌が好きです
近現代詩を味わい、学ぶ
長山靖生

詩を口ずさみたくなるのは若者だけではない。歳を重ねたからこそ心に沁みる詩歌がある――。時代を作ってきた近現代詩歌を引きつつ、詩人たちの実人生と共にしみじみと味わう。

978-4-334-04444-2

1037
宇宙は無限か有限か
松原隆彦

宇宙は無限に続いているのか、それとも有限に途切れているのか。「果て」はあるのかないのか。現代の科学では答えの出ていない〝未解決問題〟を、最新の宇宙論の成果を交えて考察。

978-4-334-04445-9

1038
バンクシー
アート・テロリスト
毛利嘉孝

21世紀のピカソ？　詐欺師？　ビジネスマン？　反体制のヒーロー？　いったい何者なのか？　活動の全体像、文化的文脈とは？　多くの謎に包まれたアーティストに迫る格好のガイドブック。

978-4-334-04446-6

1039
つつまし酒
懐と心にやさしい46の飲み方
パリッコ

人生は辛い。けれども、そんな日々にも「幸せ」は存在する。いつでもどこでも、美味しいお酒とつまみがあればいい。「飲酒」と「酒場」を愛するライターによる〝ほろ酔い〟幸福論。

978-4-334-04447-3

光文社新書

1040

美を見極める力
古美術に学ぶ

白洲信哉

いまブームの日本美術。西洋美術との大きな違いは、実際に使うことで「美」を育てていくところにある。目利きになるための最良の入門書にして「特異な美」の深みへといざなう一冊。

978-4-334-04449-7

1041

続・秘蔵カラー写真で味わう60年前の東京・日本

J・ウォーリー・ヒギンズ

もっと見たい！ の声に応え続編。蔵出しのプライベート・フィルムの傑作も加え、選りすぐりの544枚を惜しみなく公開。東京&全国各地の昭和30年代の人々と風景がカラーで蘇る。

978-4-334-04450-3

1042

東大医学部卒ママ医師が伝える科学的に正しい子育て

森田麻里子

ママであり医師でもある著者が、医学論文約170本を徹底リサーチして生まれた、いま最も「使える」育児書。世界の最新研究を知るだけで、もう育児に迷わない！ 楽になる！

978-4-334-04452-7

1043

アルゲリッチとポリーニ
ショパン・コンクールが生んだ2人の「怪物」

本間ひろむ

「生きる伝説」2人はどんな人生を歩み、演奏スタイルを追求してきたのか。音楽的事象を軸に綴りながら、20世紀後半から現在までのクラシック音楽史を描き出す。【名盤紹介付き】

978-4-334-04453-4

1044

アイロニーはなぜ伝わるのか？

木原善彦

「言いたいことの逆」を言っているのに、なぜ相手に意図が伝わるのか？ 人間が操る修辞の、技術的な結晶であるアイロニーの可能性を、古今東西の文学を通じて探っていく。

978-4-334-04454-1

1045
21世紀落語史
すべては志ん朝の死から始まった

広瀬和生

「志ん朝の死」で幕を開けた21世紀の落語界。その現在に至るまでの出来事を、落語ファンとして客席に足を運び続けた立場から振り返り綴る。「激動の時代」を後世に伝える一冊。

978-4-334-04455-8

1046
中学の知識でオイラーの公式がわかる

鈴木貫太郎

天才の数式は最低限の知識で誰でもわかる。数学0点で再生2200万回超のユーチューバーが保証。動画もあるから迷わない。目指すのは丸暗記ではなく真の理解。予習ナシで今出発！

978-4-334-04456-5

1047
御社の新規事業はなぜ失敗するのか？
企業発イノベーションの科学

田所雅之

「3階建て組織」を実装できれば、日本企業はイノベーティブに生まれ変わる——ベストセラー『起業の科学』の著者が大企業に舞台を移し、新規事業を科学する！

978-4-334-04457-2

1048
首都圏大予測
これから伸びるのはクリエイティブ・サバーブだ！

三浦展

本当に人を集める力のある街はどこか？　首都圏在住者への大規模調査とフィールドワークを通じてわかった、東京郊外の趨勢を忖度なしの徹底予測。

978-4-334-04451-0

1049
体育会系
日本を蝕む病

サンドラ・ヘフェリン

パワハラ・忖度・過労自殺・組体操事故・#KuToo…不合理な同調圧力は学校から始まる。愛する日本が先進国であるために、負の連鎖を破る特効薬を日独ハーフの作家が緊急提言！

978-4-334-04458-9

光文社新書

1050

ONE TEAM《ワンチーム》のスクラム

日本代表はどう強くなったのか?

増補改訂版『スクラム』

松瀬学

2019年の流行語大賞にも輝いた「ONE TEAM」。その象徴はスクラムだ。長谷川慎コーチ、堀江翔太、稲垣啓太、具智元が明かす、フィジカル勝負、心理戦、頭脳戦の攻防。

978-4-334-04460-2

1051

段落論

日本語の「わかりやすさ」の決め手

石黒圭

段落を意識すると、文章力はもちろん、読む力や話す力までも伸ばすことができる――思考をわかりやすく整理してくれる「段落」の可能性を、日本語研究の第一人者が明らかにする。

978-4-334-04461-9

1052

期待値を超える

僕が失敗しながら学んできた仕事の方法

松浦弥太郎

情けない失敗だって、むしろチャンスなんだ。仕事で苦しい思いを抱えていても、自信は取り戻せる。元『暮しの手帖』編集長による、勇気がわいて少しだけ前向きになれる仕事論。

978-4-334-04462-6

1053

女性リーダーが生まれるとき

「一皮むけた経験」に学ぶキャリア形成

野村浩子

女性の思考と行動が社会を変える――。四半世紀にわたって女性リーダーの取材を続けてきた著者が国内外の女性役員にインタビュー。キャリア形成のヒントを探る。【推薦・金井壽宏】

978-4-334-04463-3

1054

自己分析論

高橋昌一郎

「私とは何か」は答えのない問いだから、日本の学生が苦しんで当然。就活で便利ツールを使った攻略法から人生における「本当の自分発見」まで。探究を続ける人のための道案内。

978-4-334-04464-0

光文社新書

1055 搾取される研究者たち
産学共同研究の失敗学

山田剛志

突然届いた特許の「権利放棄書」、企業からの無理難題、研究者を守らない大学、心を病む助教、院生、学生……。産学共同研究政策は、研究者のためになっているのか？

978-4-334-04465-7

1056 芸術的創造は脳のどこから産まれるか？

大黒達也

創造性とは何か？　脳科学や計算論、人工知能に関する膨大な論文を通じて、「天からの啓示」とされる閃きのメカニズムを解析。カギは「脳の潜在記憶」にあった。

978-4-334-04466-4

1057 「自分らしく生きて死ぬ」ことがなぜ、難しいのか
行き詰まる「地域包括ケアシステム」の未来

野村晋

何が「地域包括ケア」の実現を不可能にしているのか。現役厚労官僚が柏市や岡山市での実践を基に具体的な行政手法を紹介。自治体や医療・福祉関係者、企業や市民に次の一歩を促す。

978-4-334-04467-1

1058 ぼくが見つけたいじめを克服する方法
日本の空気、体質を変える

岩田健太郎

自らもいじめられっ子だったという著者が、数々の経験の末に導き出した克服法とは。ダイヤモンド・プリンセス号の告発で注目の感染症医による、同調圧力を打ち破るための一冊。

978-4-334-04474-9

1059 ホークス3軍はなぜ成功したのか？
才能を見抜き、開花させる育成力

喜瀬雅則

千賀滉大、甲斐拓也、牧原大成、石川柊太、周東佑京、大竹耕太郎——なぜホークスだけが3軍制で大成功を収めたのか？　多くの選手・関係者への取材を元に解き明かす。

978-4-334-04470-1

光文社新書

1060

管理栄養士が伝える
長生き食事術
人生100年時代の「新・栄養学」入門

麻生れいみ

「食」を変えればカラダと人生が変わる――。明日の健康を手に入れる、未来の病気のリスクを減らすための「日常生活で何をどう食べるか」。シーン別の食事マネジメント術も公開。

978-4-334-04471-8

1061

深宇宙ニュートリノの発見
宇宙の巨大なエンジンからの使者

吉田滋

南極点の氷河に突き刺さった「宇宙からの使者」とは？　日本の物理学分野の最高峰・仁科記念賞を受賞した著者による、「高エネルギーニュートリノ」の発見をめぐるスリリングな物語。

978-4-334-04472-5

1062

フェイクニュース時代を生き抜く
データ・リテラシー

マーティン・ファクラー

虚偽に流され情報の蛸壺に陥らない方法をNYタイムズ元記者が指南。V字回復した同社にメディア再興の道も探る。日本の新聞は権力を離れて調査報道に注力し、紙信仰を捨てよ！

978-4-334-04473-2

1063

業界破壊企業
第二のGAFAを狙う革新者たち

斉藤徹

アマゾン、ウーバーなどに代表される、業界秩序や商習慣にとらわれず、斬新なビジネスモデルやテクノロジーによって、業界で〝一人勝ち〟する企業を一挙紹介。【大前研一氏、推薦】

978-4-334-04475-6

1064

歴史秘話
外務省研修所
知られざる歩みと実態

片山和之

外交官・人間としての「7つの美徳」と「『勘』の養い方」とは？　華やかな外交の表舞台の対極に位置し、国家の命運をも左右しかねない『黒子の存在』を、現役の所長が初めて綴る。

978-4-334-04434-3

光文社新書

1065
笑わせる技術
世界は9つの笑いでできている

西条みつとし

「共感」「自虐」「裏切り」「安心」「期待」「無茶」「発想」「リアクション」「キャラクター」――日常会話から合コン、商談、スピーチ、お笑いのプロを目指す人まで使える新教科書。

978-4-334-04459-6

1066
「高学歴ワーキングプア」からの脱出

水月昭道

『高学歴ワーキングプア』刊行から13年、研究者であり僧侶でもある著者が、紆余曲折ありながらも行き着いた境地とは？ 元ポスドク、前野 ウルド 浩太郎氏との対談を収録。

978-4-334-04476-3

1067
日本の少子化対策はなぜ失敗したのか？
結婚・出産が回避される本当の原因

山田昌弘

1・57ショックから30年、出生率の低迷が続く日本。家族社会学者である著者が、少子化対策の的外れだった点を分析。いま直視すべき、日本に特有の傾向・意識、そして変化とは？

978-4-334-04468-8

1068
炎上ＣＭでよみとくジェンダー論

瀬地山角

炎上する広告には必ず理由があり、近年その多くがジェンダーへの無理解を背景としている。炎上の構造を4つの象限で捉え直す、東大名物講義の「番外編」。

978-4-334-04469-5

1069
日本の映画産業を殺すクールジャパンマネー
経産官僚の暴走と歪められる公文書管理

ヒロ・マスダ

「日本再生の柱」と叫ばれたクールジャパン政策はなぜ失敗したのか？ 現役映画プロデューサーが官民の腐敗と怠慢を暴くとともに、「現場」に効く改革案を提言する。

978-4-334-04448-0